ゲッターズ飯田の

365日

の運気が上がる言葉

プレジデント社

INTRODUCTION

『ゲッターズ飯田の365日の運気が上がる話』を手に取ってい
ただきありがとうございます。この本は、僕、ゲッターズ飯田が
日課としているブログから、1年365日にできるだけ合った話を選
び、一冊にまとめたものです。

　どの話も、斬新な考え方を伝えるものではありません。あたり
まえで当然で、知ってはいるけれど、忘れてしまっている——そ
んな話が多いと思います。僕もそのひとりで、日々「これは忘れ
てはいけないな」と思いながらブログを書き続けてきました。
　なにごとも感謝のある人には必ず道が拓けて、悩みや不安も
なくなっていくものです。そしてそれを忘れてはいけないと思いな
がらも、ついつい忘れてしまうときもあるのが人間です。この本
は、そんな大切な気持ちを忘れないよう、1日1ページゆっくり読
むものだと思ってください。

　「人生は楽しむ旅」。楽しむためには努力も工夫も必要で、人
とのコミュニケーションも重要になってきます。ひとりでもおもし
ろいこともありますが、限界がきてしまうもの。いろいろな人と仲
良くなって助け合うことができるようになると、日々の不安や心配
はゆっくり解消されていきます。
　「自分、自分」となってしまう気持ちもわかりますが、自分のこ
とばかり考える人は、なかなか手助けされません。優しく親切な
人にこそ、人は優しく親切にするものだと思って、まずは、自分

に優しく、他人にはもっと優しく接するようにしてみてください。この本には、人とどう関わるといいのかのヒントも隠れています。

　人生で良い言葉や良い話に出会えただけでも運がいい、と僕は思っています。でも、それを実際に行動に移せるのか、自分はそうできるのか、僕自身、疑問に思ってしまうこともあります。それでも、この本のはじめの言葉、1月1日の「大人が本気になれば、人生はたった1年で大きく変わる」。本当にこの言葉通りなのです。

　この本を1年かけてじっくり読んで（もちろん一気に読んでもいいですが）、最低でも3回は読み返してみると、ときには声に出して読んでみると、大切なことがよりわかり、1年で人生は本当に変わってくると思います。

　この本のすべての話が役に立ったり心に響いたりするとは限りませんが、必ず、読んで良かったと思える話や、いまは理解できなくても数年後にやっとその意味がわかる話があると思います。人生で困ったり、悩んだり、不安になったりしたとき、そして、前に進みたいと思ったときに、この本を開いてみてください。きっと、そのときのあなたに必要な話を見つけられるはずです。

　人生はゆっくり長く時間をかけて幸せになっていくものだと忘れないように。この本があなたの人生に少しでもお役に立てましたら幸いです。

ゲッターズ飯田

2月

3月

4月

5 月

7月

8月

9 月

10月

12月

JANUARY

大人が本気になれば、
人生はたった1年で
大きく変わる

大人が本気になれば、
人生はたった1年で大きく変えられる。
現状に不満があって、いまに納得できていないなら、
1年、本気で違う人生を歩んでみればいい。
友人、仲間、住んでいる場所、考え方、楽しみ方……。
すべてを変えて、本気になってみる。

自分の人生を変えられるのは自分だけ。
もちろん生きていれば他人からの影響も受けるけれど、
最終的な判断を下すのはあなた自身。

愚痴、不満、文句を言い続ける自分を
いますぐ嫌いになったほうがいい。
1年、本気で違う人生を歩んでみればいい。

人生とはおもしろいもので、
すべてを変えてみようと思えば本当に変わるもの。
やれることはいっぱいある。

「大人の本気」はすごい。
「大人の本気」をなめてはいけない。
「大人の本気」はすべてを変える。

大人になったいまの自分に期待してみるといい。
この1年で人生を本気で変えようと思って生きてみるといい。

人生には初めてのことがいっぱいある。
最初は不慣れで苦手だと思うことのほうが多い。

ただ、多くのことは慣れる。
最初は苦手だと思っていたことも、
何度か繰り返しているうちに自然と慣れてくる。
場数を踏んでいる人は、
とても慣れているように見えるが、
そう見えているだけ。

すべては初めてで、誰もが今日の自分は初めての自分。
本当は不慣れなことも苦手なこともあるけれど、
経験が多い人は簡単に動揺することがない。
「初めて」に慣れれば、
「初めて」に臆病にならないだけ。
相手も不慣れで初めてのことなんだから、
期待は少しで、あとは気楽にしておくといい。
お互いの勉強にもなる。
自分で学べることもいっぱいある。
不慣れと初めてはとてもいい勉強になるから。

「初めて」は人生でいちばんおもしろいことのひとつ。

おもしろいことのひとつ
「初めて」は人生でいちばん

10年後の自分と対話してみるといい

10年後——10年先のことをもっと考えて、
いまを生きるといい。
目先のことばかりではなく、
あなたはいまなにを積み重ねているのか?
10年後にどうしていたいのか?
10年後にどうなっていたいのか?
10年後を誰かと語り合ってみるといい。

10年後のことを真剣に考えてみたら、
やるべきことが見えてくる。
やらなくてはならないことが変わってくる。
いまを一生懸命生き抜くのはいい。
ただ、それを続けるばかりではなく、
10年後に笑うための準備を、
つねにやっておかなければいけない。
これからの10年は長いけれど、
過ぎた10年はすごく短い。
10年はあっという間に経ってしまう。

10年後の自分を想像して、
10年後の自分と対話してみるといい。
やるべきことが自然と見えてくるから。

笑顔だけで人生は
変わってくる

良い笑顔で、相手と話すことができない。
それだけで、良い恋愛から遠のいてしまう人がいる。

良い恋愛ができないのは、
良い笑顔の練習をやっていないから。
空いた時間にスマホをいじっているなら、
笑顔の練習をしたほうがいい。

笑顔だけで人生は変わってくる。
だから、明るくて自然な笑顔になる練習をしたほうがいい。
高校の部活動のように3年も続けなくても、
たったの数カ月で変わるから。

鏡を見て、ニコッと笑顔を繰り返したほうがいい。
毎朝、家を出る前に鏡の前で、笑顔の練習をしたほうがいい。

笑顔だけで人生は変わってくる。

笑顔の練習を続けたら、人生は良い方向に変わる。

謙虚さとは外に出すものではなく、
己のなかにあるもので。
日々謙虚な気持ちで生きて、
謙虚な心を忘れないようにすることが大事で。

表面に見える謙虚さは必要ない。
それは、謙虚ではないから。

必死に生きるのではなく、
必死な思いになることが大事で。

プライドは見せるものではなく、
己のなかに隠し持っているもので。
アドバイスを聞き入れなかったり、
他人を小バカにした態度で生きたりすることは、
プライドが高いとはいわない。

多くの人は「プライド」をはき違えている。
プライドが間違った方向にあるから、
前に進めなくなる。
謙虚な心で、必死に生きて、
生きるプライドを持つことを忘れないように。
いまをもっと真剣に生きたほうがいい。

生きるプライドを持つことを
忘れないように

成功者やお金持ちからアドバイスを聞いても、
ほとんどの人がそのアドバイスを継続できない。
多くの場合は、三日坊主で終わってしまう。
それどころか、聞いただけで実行しない人も多い。
大事なのは、アドバイスを聞いたら、
その人と同じように努力を続けていくことにある。

努力をせずに、成功やお金をつかんだ人はひとりもいない。
生まれ持った才能だけで、成功やお金をつかんだ人はひとりもいない。

大切なのは、覚悟を持つこと。
「この道で行く」と覚悟を決めたら前に進むだけ。
覚悟を持って行動すれば、勇気と度胸はついてくる。

動けないなら、まずは言葉からでもいい。
自分の覚悟を紙に書いたり口に出してみたりする。
自分の覚悟に反するなら、他人に逆らってみてもいい。
そして、もっと覚悟を固めていく。

行動して失敗したっていい。
行動して恥をかいたっていい。
勇気と度胸がついてくるから。

もっと開き直って生きてみるといい。
勇気と度胸がついてくるから。

覚悟があれば
勇気と度胸がついてくる

親切にされたなら、
今度は自分が優しくすればいい

優しい人、親切な人、
サービス精神豊富な人、真心がある人……。
生きていればそんな人たちに必ず出会えて。
面倒な人や嫌いな人、そりの合わない人のほうが少なくて。

子どものころは、わがままが出過ぎてしまうこともあるけれど、
大人になるにつれて変わってくる人も多い。
なぜなら、優しさに触れたから。
人はそもそも優しくて、
誰かに喜んでもらえることで
幸福が得られるもので。
役立っていることで幸せを感じるもので。

人に求められるように、期待されるように、
なにを努力して、なにをすればいいのか。
そこをもっと考えてみるといい。
明るく楽しそうにしている人でも、悩みや不安は必ずある。
それを見せないように生きているだけで。
もっと優しい目を持つと、他人がもっと違って見えてくる。
優しく親切にされたなら、
今度は自分が優しくすればいい。

努力と才能は別もの

「努力できるのも才能」
世間ではそういわれるけれど、努力と才能は別もの。

才能がある人も努力するけれど、
才能がなくても努力はできる。

だから、努力をもっとしたほうがいい。
結果を出せる努力とはどんなものなのか、
他人からの指示を待たずに、
いろいろな方法で、
無駄になるかもしれないことでも、努力をする。
そうすることで精神力も身につく。
精神力が高まれば、
いろいろなことができるようになる。

努力と才能は別もの──。

才能ばかりに頼らないで、
もっと努力をして、
越えられない壁を越える努力をするといい。

大人になる
ということは

大人とは、自分をただ出すのではなく、

自分の弱さを認めてまわりに協力できる人のこと。

理不尽なこともたくさんある。

自分には関係ない、自分は悪くないと思っても、

謝らなくてはものごとが進まなかったりもする。

責任感がないから前に進めない人がいる。

責任感がないから成長しない。

責任感がないから大人になれない。

どう責任を取るのか、背負うのか。

どう責任を感じられるか——。

いまある現状の責任を、

あなたは本気で真剣に果たしているのか？

責任から逃げていると、いつまでも変われない。

愚痴や不満や文句をいう前に、責任は取ったのか？

責任ある仕事と決断を繰り返してきたのか？

成人するとは、大人になるということは、

悪くなくても謝れて、

責任のために己を上手に消せるということ。

いいリーダーとは雑な人

優秀なリーダーには、甘えん坊で人にまかせるのが得意な人が多い。

ときに、雑なときもある。

自分が雑だと他人の雑さが気にならない。

部下は「失敗を許してくれるいい上司」というが、

実は単純に雑なだけ。

自分が雑だから他人の雑さに寛容になれる。

細かく管理しない雑なところも、部下は「まかせてくれた」と感じる。

真面目過ぎるリーダーになると、部下にも細かく課題を出してくる。

「自分もこうしてきたのだから」とストイックで、

苦しいときや過酷なときほど「いま自分は生きている」と感じる。

部下にとっては大変なリーダー。

頭が良過ぎるリーダーも面倒で、「なぜ?」「どうして?」と

完璧に理解するまで原因を追及してくる。

「青春リーダータイプ」のリーダーは、フレンドリーだけどそれも大変。

精神論を押し出してくるので、

結果が出なくてもとにかく頑張りさえすればいい……。

まるで部活のようで疲れる。

いいリーダーとは雑な人。

どんな人にでもできることがある。
大成功するとか、
他人に影響力があるとか、
そんなことではなく、
どんな人にもできることがある。

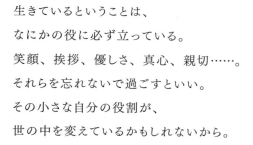

できることを、
小さなことでもいいから、
自分の役割を果たせばいい。

生きているということは、
なにかの役に必ず立っている。
笑顔、挨拶、優しさ、真心、親切……。
それらを忘れないで過ごすといい。
その小さな自分の役割が、
世の中を変えているかもしれないから。

小さな自分の役割が、
世の中を
変えているかもしれない

運は筋肉と同じようなもの。
鍛えないと身につかない

運は順番で必ずいい時期と
悪い時期が回ってくる。

運がいい時期は、これまで頑張ってきたことが評価される。
「運がいい時期なのにいいことがない！」
という人は、単純に努力不足。
なにも頑張っていなければ、どんなに運が良くても
結果はついてこない。

まったく勉強しないのに
東大に合格するわけもなく、
野球をやったことがないのに
プロ野球選手にはなれない。

いまがつらいと思うなら、それは筋トレをしている時期。
この時期に自分をどれだけ鍛えられるか。
どれだけ筋肉をつけられるかで変わってくる。
運のいい時期はその力を出すだけ。

運のいい時期に良い結果が出ないなら、
習いごとをはじめるか、
苦手なことを克服するか、
自分に負荷をかけて鍛えればいい。
納得がいくまで鍛えればいい。
つらいときや面倒なときこそ、
いい筋肉がついていると思うといい。
それは必ず役立つときがくるから。
必ずその筋肉を使うときが、
評価されるときがくるから。
運は筋肉と同じようなもの。
鍛えないと身につかない。

もっと自分に期待して

「他人が、会社が、国が……」と、
まわりに頼り、もたれかかっている人は、
誰も、運も、助けてくれない。

自立して、自分の力で生きられて、
他人のために生きて、他人から感謝される人に
誰かの手は差し伸べられ、運も味方してくれるもの。
己が努力しない人は、
周囲も同じだと思っている。
己が努力する人は、
周囲も同じように努力すると思っている。
いま、どうしても己の力が足りていないのなら、
日々努力をすればいい。
自分のできることを見つけて成長すればいい。

1年、2年では身につかないものも、
10年、20年で力になることがある。
いつか必ずお返しできるように生きること。
感謝を忘れて、不満や愚痴をいったり、
頑張っている人の足を引っ張ったりしても意味がない。

他人のやっていることに期待をしないで。
もっと自分に期待して、
自分がどれほどの人になれるかどうか、
もっと前向きに、もっと挑戦するといい。

テレビはテレビ、雑誌は雑誌で、
演出されていることくらい、
編集されていることくらい、
誰でもわかっているもの。

どんな情報も、悪意ある人が演出をしたり、
悪意ある人が編集をしたりすれば、
どんなに良いことでも悪くなる。
悪くなるように、誰でも簡単に編集できる。
逆に、受け手に悪意があれば、
なんでも悪くとらえることもできる。

善意のある人は、どんな情報も
善として受け止められるし、
なにごとも善意を持って発信できるもの。
なにごとも己の善意と悪意が、
ものごとをどう感じるのかで見えてくるもの。
いろいろな情報が飛び交うなか、
疑ってみたり、観察してみたりすることが大事。

ただ見ているだけでは、
真実は見えなくなってしまう。

情報に振りまわされないように。

ただ見ているだけでは、
真実は見えなくなる

なんとなく、なんとなく、
続けられるくらいが
ちょうどいい

努力することや頑張ることは、
無理やりではうまくいかない。

なんとなく、なんとなく、
続けられるくらいがちょうどいい。

3日かかることを
1日でやろうとしたら、
きっとあなたはボロボロになる。
でも、3日かかるものを
じっくり3日かけてやったら、
あなたのパフォーマンスは下がらない。

これからもずっと、
なんとなく続けるためには
時間をかけていくほうがいい。

明日も、その次の日も、そのまた次の日も、
来週も、再来週も、来年も、再来年も……、
ずっと続けられるように。

なんとなく、なんとなく、
続けられるくらいがちょうどいい。

「続ける力」を信じてみるといい。

1

好かれるのも、嫌われるのも どうでもいい

他人から好かれることはどうでもよく、
他人から嫌われることもどうでもよく、
他人の評価はすべて意味がない。

「他人はどうでもいい」と思って生きれば楽になる。
そのためにも、自分の生き方に自信を持つこと。
自信があれば他人からの評価は気にならなくなる。
他人からの評価は、すべてその人の基準によるから、
それに振りまわされても仕方がない。

他人はまったく関係ない。
でも、他人のおかげで生きているという心は大事。
他人への感謝や恩返しを忘れてはいけない。
そこをごちゃまぜにして、
他人からの視線や評価に振りまわされてはダメ。
批判的な人や悪意のある人に振りまわされないように。
絶賛し過ぎる人にも振りまわされないように。

このどちらも、「どうでもいい」と思えれば、
自分らしく生きられて。
もっと自分らしく生きられたら、
気楽で自由でいいだけ。

他人からの評価はどうでもいい。
好かれるのも、嫌われるのもどうでもいい。

昨日の自分に責任を取る必要はなく、
昨日の自分は昨日の自分、
今日は自分で、明日は別の自分なだけで。

行き当たりばったりの選択から
逃げてしまった人、
行き当たりばったりの決断から
逃げてしまった人は成功しない。
成功者や幸福な人は、
行き当たりばったりを繰り返しているだけ。
責任を取っているわけでもなく、
そのときにただ判断しているだけ。

人は間違うから。人は迷うから。
間違うことも迷うことも負けではない。
そこから学ぼうとしないことが問題で、
そこからなにを経験して
なにを得られるのか。
そのときそのときで
学べることはたくさんあるから。

昨日の自分は昨日の自分。
今日の自分は今日の自分。
明日の自分は
明日にならないとわからないだけ。

昨日の自分に責任を取る
必要はなく

夢を叶える一歩

目標や夢をしっかり持って、
明るい自分の未来を想像してみるといい。
お金持ちになっている自分、
幸せになっている自分、
成功している自分──。

明るい未来を想像すると、
部屋は綺麗ではありませんか？
散らかった部屋や汚れた部屋で
成功している自分を想像するほうが難しい。
あなたは綺麗な部屋を、
綺麗な場所を夢見ているはず。

夢を叶える一歩は、
まず、部屋を綺麗にすること。
それは明るい未来への一歩だから。
すでに部屋が綺麗な人は、
目標をしっかり掲げればいいだけのこと。
日々の努力を続ければいいだけのこと。

「これも夢が叶うための一歩」と思って、
身のまわりを綺麗にするから、夢や希望が叶う。

相手の得をどれだけ考えられるか。
そのアイデア、その発想、その考え方、その言葉は、
どれだけ相手にとって得なのか、よく考えたほうがいい。

自分だけが得をしてはいないだろうか。

人生とは、少し損をしたほうがいい場合が多い。
少しだけプラスとマイナスがあるなら、ギリギリの損をする。
少しだけマイナスなほうに進むと、得になって戻ってくる。
多くの人が「得をしよう」「自分だけ得をすればいい」
そう思っているから、いつまでも損をする。
むかしから「損して得取れ」というけれど、
本当にそういうもので、
いつも損をしている人に敵は現れない。
いつも損をしている人を、妬む人はいない。
損をしている人を批判すると、
周囲を敵にまわしたり、大損したりすることになる。

人生ではいつも相手の得を考える。
自分ばかり得をしていると思ったら、
どうしたら少し損ができるのかを考える。

損には必ず得がくるようになっているもの。
自分の得を考える前に相手の得を考えてみると、
人生はもっと良くなる。

自分だけが得をしてはいないだろうか

与えられるだけ
他人に与えてみるといい

与えもしないで自分だけが得しようと思ったり、
自分のことばかり考えたり、
自分がかわいいと思ったりして生きていたら、
幸せにはなれない。
たとえいっときは良くても、必ず苦しい状況に陥ってしまう。

与えられるだけ与えてみる。

ないなら知恵を絞って、

自分が他人になにができるのか考えてみる。

知恵を絞る。

工夫をする。

与え続けることで、自然と幸福になる。

ただ、自己犠牲とは違う。

この違いがわからないといけない。

トークがおもしろいなら、周囲を楽しませる話をすることも与えること。

笑顔で過ごすことも与えること。

他人に親切に生きることも与えること。

お金やモノだけでなく、与えられることはすごく多いもの。

自分が学んだことを惜しみなく与え続けられれば、

自然と幸せになる。

でも、見返りを求めた瞬間に、それまでの積み重ねがなくなる。

見返りや損得を考えてもいけない。

人間性こそが幸福を運んでくれるから。

もっと学んで、与えられることを増やし続ける。

幸福になりたいからではなく、

その生き方が非常に心地いいから。

一生懸命に努力して
結果の出ない人は
ひとりもいない

一生懸命に努力して結果の出ない人はひとりもいない。
仕事なら、スピード、量、応用力……。
どこかで必ず結果が出ている。

努力して成長できたら、しっかりと喜んでみる。
自分の努力の結果を大袈裟なくらいに喜んでみる。
その喜びは継続することにつながる。

だから、
結果に無頓着になってはいけない。
結果に鈍感になってはいけない。
結果に希望を忘れてはいけない。
結果を甘く見てはいけない。

努力するとバカにする人がいる。
失敗するとバカにする人がいる。
でも、最後に笑えるのはあなたで、最後に笑われるのは、バカにした人。

一生懸命に努力して結果の出ない人はひとりもいない。

頑張っている人、素敵な人、
優しい人、尊敬できる人、
魅力のある人、親切な人、
真心のある人、思いやりや感謝のある人、
恩を感じ返せるよう努める人、
そんな人にもっと注目するといい。

優しい人に出会ったら、
自分ももっと優しくなるように努めるといい。
誰もが認めるような素晴らしい人に、
自分が少しでも近づけるように
努めてみるといい。

もっと素敵な人に会うといい。
頑張っている人に会うといい。
自分のなりたい人に会って
話をするといい。

自分を成長させる人に会うために、
自分を成長させればいい。

自分を成長させる人に会うために、
自分を成長させればいい

感謝の言葉だけは、嘘でもいい

嘘でもいいから、
感謝の言葉を口にしよう。

人をだます嘘、
人を悲しませる嘘。
それは良くないけれど、
人間関係がうまくいく嘘はいい。

「嘘はいけない」ではない。
「悪い嘘はいけない」だけ。
「嘘も方便」とはよくいったもので、
「いい嘘」なら人間関係はうまくいく。

友人も恋人も夫婦も、
すべては、感謝の言葉からはじまる。

感謝の言葉だけは、嘘でもいい。

占いは 小さなきっかけ

占いは、小さなきっかけでしかなく。

占いは、

答えではないけれど、

小さな答えかもしれない。

こんな波がありますよ。

こんな流れがありますよ。

それを受け手がどうするのか。

その波にさらに乗ることで、占い以上の結果も出る。

流れを知って、そこから自分がどうするのか。

2年後にいい運気なら、2年かけて自分をどう鍛えるのか。

流れを知って鍛える2年と、

知らないままなんとなく過ごす2年では、

結果はまったく異なるもの。

目標がしっかりしているほうが、力を入れやすい。

中間テストや期末テストがあったほうが、真剣に勉強するのと同じで。

なんとなくよりも、知っているから頑張れる人が多いもの。

所詮、占いとはいえども、むかしから伝えられてきた人の心のリズムや、

運気の流れを伝わりやすくしているだけ。

占いの流れを知って、頑張る人生もまたいい。

多かれ少なかれ、誰にでも愚痴や不満はあるけれど、

どうしたらそれをいわない人生を歩めるのか。

成功者や幸せな人の多くは、

愚痴や不満を我慢しているのではなく、

愚痴や不満をいわないような自分を育てただけ。

そんなことをいってもなにもはじまらない。

愚痴や不満をいうくらいなら、

「だったら」を口ぐせにするといい。

「だったらこっちのほうがいい」

「だったらいまやりましょう」

「だったら変えましょう」

「だったら」をいえば、アイデアを出すしかない。

いまの自分に満足できない。

「だったら」どうすればいいのか。

もっと楽しくなりたい。

「だったら」どうすればいいのか。

恋人が欲しい、結婚がしたい。

「だったら」どうすればいいのか。

それは己に対してだけではなく、

周囲の人にもいえばいい。

「だったらこうすればいい」がいえるようになると、

不思議と人が集まる。

頼られる人にもなれる。

それは、力にも才能にもなる。

「だったら」を口ぐせにしてみると、人生はまた楽しくなる。

「だったら」を口ぐせにしてみると、
人生はまた楽しくなる

自分の人生だから、
自分の好きなように生きればいいけれど、
文句や愚痴や不満が出るなら、
自分を信じなければいい。
自分の好きなように、生きなければいい。

自分の人生を
邪魔しているのは、
自分だということに
早く気がつくといい

自己プロデュースが誰もが上手とは限らない。
自分の人生を邪魔しているのは、
自分だということに早く気がつくといい。
妬んだり恨んだり僻んだり、文句や愚痴や不満がある人、
他人の責任にして自分でなにも変えようとしない人は、
自分の生き方を全否定したほうがいい。

自分をかわいいと思ってはいけない。
自分をいい子だと思ってはいけない。

ダメなら変えればいい。
ただ、それだけで。
ダメな部分があるということは、
絶対に改善することができるということ。
不満のあるいまの生き方を壊してしまえばいい。
だらだらしていると、どんどんその先が難しくなる。
変えるなら、変えはじめるなら──いま、すぐしかない。
己の成長と変化に期待をして、現状を変えればいい。
朝起きる時間から、持ちものや髪形、生き方のすべてを変えればいい。
変えようとした人だけが、
成長した人だけが、
満足や幸福をつかんでいる。

変えることは、いますぐできる。
これまでと違う自分の生き方を、違う習慣をはじめてみるといい。

ネガティブになるというのは、悪いことだけではない。
ネガティブになるときは、あなたが成長するタイミングでもある。

頭と体があなたに向かってこう叫んでいる。
「学べ！ 成長しろ！ 勉強しろ！」
この叫びを感じているのに、
まったく行動できない人がいる。
それではただただ、焦るだけ。
変われない自分を残念に思って、
変われない自分に落ち込んで、
心を病んでしまうことだってある。

「変わりたい」ではなにも変わらない。

腹筋10回を3カ月続けたらどうなる？
30分のジョギングを3カ月続けたらどうなる？
1時間の勉強を3カ月続けたらどうなる？

「変わりたい」が「変わった」に変わる。
ポジティブに、自分の成長に期待してみるといい。
ポジティブになればもっと変わることができる。
ポジティブになればもっと前進できる。

「変わりたい」では
なにも変わらない

大事なのは、自信を持たないこと。
仕事のときに自信があるように見せることは必要だけど、
活躍している人の共通点は、「自信がない」こと。

自信がないから練習する。
自信がないから積み重ねる。
自信がないから鍛錬する。
自信がないから頑張れる。

自信を持たないことでできる努力があるから、
自信を持たないほうがいい。

自信がないから
できる努力がある

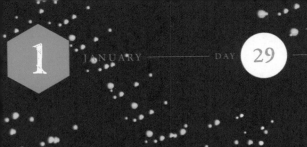

あなたのまわりは
味方ばかり

あなたのまわりは味方ばかり。

味方を「人間」だけで見ているのは
もったいない。
味方になるモノだってある。
あなたの使い方や考え方次第で、
味方になるモノばかりになる。

そう、占いだってあなたの味方。
先人の知恵が伝わったものの結晶で、
どうにかあなたの人生が悪くならないように、
どうにかあなたの人生が良くなるように、

前向きに生きるヒントや流れがたくさん書いてある。
それをどう受け止めて、どう活かすか。
それは、あなた次第。

スマホやパソコンだって味方になる。
もちろん、自分が正しく使わないといけない。
知恵を絞って味方として使おうとしなければ、
モノはマイナスにも、敵にもなってしまう。

ゲームからなにかを学んで、生きるために活かせる人もいる。
それこそ、ゲームのレベルを上げるように、
人生経験を積まなければならない。
人生はゲームのようなもの。
漫画だって、たくさん視野を広げることができる。
すべては、あなたの使い方や考え方次第。

すべてを自分の味方だと思って上手に扱うことができれば、
人生はどんどんおもしろく楽しくなる。

自分のことだけを考えるのではなく、
自分のまわりにあるモノのことをもっと考えてみる。
どう使うといいのか？　どう味方として活かすべきなのか？

あなたのまわりは味方であふれている。
あなたに味方してくれるモノを見落とさないように。

困難や壁を感じられるところまで、
自分は成長したと思えばいい

運の悪い人は、
つらいときや努力をするときに逃げてしまう。
もう少し頑張ればいいのに。
結果の出ないことに焦ってしまうよりも。

ここで頑張らないといけない時期に、
遊んでしまう人がいる。
辛抱せずに楽をしようと思う人がいる。
そこで逃げてしまうから、そこで変えてしまうから、
また同じ苦労がやってくる。
そこを乗り越えられる力をつけてしまえば
楽になるのに。

たくさんの人を見てきたけれど
楽をして、楽を狙って、楽しくなる人は少なくて。
多くは苦労を買って出たり、
大変なほうに挑戦をしたら、
人生が楽しくなった、そんな人のほうが多い。

答えや結果の出る前ほど、
人は腐りやすく、現状をあきらめてしまう。
困難や壁を感じたら、
もう一息だと思って頑張ればいい。
困難や壁を感じられるところまで、
自分は成長したと思えばいい。

「ありがたい」と思う気持ちが強い人ほど、
人生は楽しくおもしろくなる。
どんなことでも「ありがたい」と思えば、
とても楽しく、おもしろくなる。
不運や不幸や不満ばかり感じる人は、
「ありがたい」を忘れている。
「ありがたい」と思えることを探すと、
キリがないことに気がついて
人生はどんどん楽しくなる。

人生がうまくいかない、
現状に満足や納得ができないなら、
それは「ありがたい」と思う気持ちが足りないだけ。
もっと「ありがたい」と思えることを探して、
もっと真剣に本気で「ありがたい」と思って生きると、
人生は簡単に好転する。
運命だって、大きく変えることができる。

「ありがたい」という気持ちを忘れて、
仕事をしていませんか?
「ありがたい」を忘れて、
人とつきあっていませんか?

もっと「ありがたい」と強く思えば、
幸運はやってくる。

「ありがたい」と思う気持ちが足りないだけ

2

FEBRUARY

人生は頑張れば頑張るほど失敗する。

怒られることや嫌われることもある。

問題なのは、それに臆病になって安全に生きているつもりで、

結局は、なにもしないことにある。

一生懸命生きたら、失敗もするし挫折もするし負けることもある。

問題はそこではなく、同じ失敗を繰り返さないこと。

そこから学んでどうするかということにある。

臆病者には誰も協力してくれない。

臆病者ほど魅力のない生き方はない。

だから、臆病に生きないこと。

臆病でいると危険なことを避けるだけではなく、

幸せになることにも臆病になってしまう。

幸せになるのにも勇気が必要で、

どんなに運気が良くても臆病者はそれを逃してしまう。

運がいいことを恐れてはいけない。

嬉しいときは喜んで楽しんで。

つらいことの先にある喜びにまで

臆病になってはいけない。

すべては経験と成長のため──。

思い切って生きる。

臆病に生きないように。

臆病に生きないように

「なにもしていない」とは
「悪いことをしている」こと

問題が起きたとき、
「自分は悪くない！」という人は、
必ず悪いことをしている。

「悪いことはなにもしていない」のではなく、
「なにもしていないという悪いこと」をしている。

「なにもしていない」ことこそが問題。
そこに気づけないと、
原因がわからず「自分は悪くない」と思い込んで、
態度をあらためることもできない。

だから、なにかをしてみるといい。
意見がぶつかったり喧嘩をしたりするかもしれない。
それでダメなほうがよっぽどいい。
だって、そこにある問題が見えてくるから。
目に見えない問題が、本当の問題だから。

あなたは「運がいい」

すべての人は運がいい。
運良くこの時代に生まれて、
運がいいから生きることができて、
運がいいから今日がある。
ほんの少し違えば人生は大きく変わる。
それは自分ではなく、他人の行動が少し変わっていても、
いまの自分の人生はなかったかもしれない。
すべては運が良かったから。
いまが最高で、いまが頂点で、それを繰り返している。

勝手に不満をつくったり、勝手に不運をつくったりしてはいけない。
なにが起きてもどうなっても、そこから学べて経験にもなる。
運が良かったと思える生き方ができると、人生はどんどん良くなる。
誰にでも苦労や困難や不満はあるもので、
そこに注目して生きるのか、
運が良かったと思って生きるのかでは、
人としての魅力が違ってくる。
すべては「運が良かっただけ」。
過去もいまも未来も、ずっとあなたは運が良かっただけ。

運がいいからもっと努力をしよう。

運がいいからもっと感謝しよう。

自分は運がいいと本気で思えると、不思議と周囲に感謝できるようになる。

感謝できるようになるためにも、

これまでも、いまも、明日も、

「自分は運がいい」と思い、

口に出すことが大切。

どんな状況でもどんな立場でも、運が良かった。

そう思える人が、幸せと運をつかむようにできている。

他人のことだけを
考えてみるといい

ほとんどの人の悩みは、
自分のことだけを考えている。
いちど、自分のことではなく、
他人のことだけを考えてみるといい。
これはかなり
難しいことかもしれないけど。

自分のことばかり考えていると、
どんどん悩みや不安から
抜けられなくなる。
他の人のことを考えると、
案外楽になる場合が多い。

人のために努力したり、
人のために考える。
結果的に
自分のことを考えるのではなく、
いちど、他の人のことを考える。
これはすごく大切で、
すごく楽しいこと。
いろいろなことが楽になる。

とても難しいことなので、
すぐに実行できないと思うけど、
頭の隅に入れておくといいかも。

なんでもできる人は、

なんにもできない人になる。

なにかが得意で、

なにかが不得意なほうがいい。

互いに助け合うことができると

人間関係が良くなる。

できないことはできないと、

はっきりいうのは恥ずかしいことでもなんでもなくて、

だから専門家が生まれるし、

得意な人や好きな人の活躍する場所ができる。

負けず嫌いの頑張り屋で、

「自分はなんでもできる」

「白旗を掲げない」

と他人に頭を下げられない人のほうが、

延々と苦労が続いたりするもの。

「自分でできるというのなら、お好きにどうぞ」と、

間違っていても、苦しんでいても、

手助けもアドバイスもしてくれなくなる。

「なんでもできる」は案外怖い。

できないことはたくさんあってあたりまえ。

知らないことがあってあたりまえ。

素直に頭を下げて教えてもらう。

なんでもできないほうがいい。

なんでも知っていないほうがいいこともある。

なんでも知っていないほうが
いいこともある

ヘコむのと反省をするのとは
大きく違う

ヘコみはするけれど、反省はしない人がいる。
くよくよするけれど、反省はしない人がいる。
落ち込みはするけれど、反省はしない人がいる。
反省は、へコんだりくよくよしたり
落ち込んだりするのとは違う。

反省とは、原因を探り、
同じ結果を繰り返さないために
己がなにに気をつけて、なにを学べばいいのか、
どう行動することが正しかったのかを考え、
次回は同じことが起きても、同じ結果にならないように心がけること。

成長を続けないと評価はどんどん落ちる。
学ぼうとしない、成長しようとしない、
前向きに積極的に取り組むことができないままで、
いつまでも指示を待って、
いわれるまでなにもしていないと、
どんどん評価は落ちる。
信頼されなくなるし、迷惑をかけることにもなる。

他人に迷惑をかけたことは忘れてはいけない。
自分がやってしまったことを忘れないことは大事。
他人から感謝されたり、ほめられたりしたことはどんどん忘れてもいい。
迷惑をかけてしまったことを忘れるから、
また同じ結果を繰り返して、評価を自ら落とすことになる。
どうしたら信頼されるようになるのか、もっと先を考えなくてはならない。

へコんだりくよくよしたり落ち込んだりする時間は無駄なだけ。
しっかり反省をして、
他人に迷惑をかけたことを恥ずかしいと心に刻んで、
成長する姿をもっと見てもらうといい。
日々少しずつでもいいから成長するように、
反省を活かせるように生きるといい。

愛があるから受け入れて、
許すこともできて

恋人をつくる、結婚するということは、
自分と違う考えを自分のなかに取り入れて、
自分を大きく成長させることで。
そこに、意味がある。

人を好きになる、
愛する力のもっともすごいところは、
自分を壊せること、自分が成長できることで。
ではどんな人がいいのか？
それは、「相手のことを考えられる」かどうか。
恋が下手な人ほど、
自分のことしか考えていないから。

相手のことを考えられる、
思いやりのある人かどうかを知るためにも、
普段からいろいろな人と話をすることが大事。
人に会えば会うほど、それは見えてくる。

好きだから学んで、好きだから吸収できる。
愛があるから受け入れて、許すこともできて。
自分を変えてでも相手に好かれようとするから、
愛は人を大きく成長させる。

自分の好きなことで、他人が喜んでくれる。
自分が頑張ったことで、他人が笑顔になってくれる。
自分の積み重ねで、他人が楽しんでくれる。
幸せや成功はこういうことなのに、
間違ったものを幸せや
成功だと思っている人がいる。

幸せや成功が、
お金や地位や名誉ではないことを理解しないと。
社会的な欲望に振りまわされていると、
彷徨ってしまうだけ。
感謝されないような仕事をしてはいけない。
喜ばれないような生き方をしてはいけない。
「恩を返そう」と思ってもらえないような
生活をしてはいけない。

「絶対に無理」「絶対に難しい」
そんな言葉に振りまわされてはいけない。
自分の信念を持って、
覚悟して突き進んだその先には、
成長や発見がある。
「絶対に無理だ」と決めつけられても、
鵜呑みにしなくていいし、
己が納得できるように生きればいい。

「絶対」はない

自分の不得意や苦手なことを、ひとつでも克服してみるといい

自分の不得意や苦手なことを、
ひとつでもいいので克服するように努力すると、
人生は大きく変わりはじめる。

好きなことや得意なことを極めるのは、
多くの人ができること。
好きなことや得意なことには時間をかけるから。
でも、不得意や苦手なことからは
目を背けてしまうもの。

人と話すことが不得意で苦手なら、
他人と上手に話ができるように努めてみる。
字を書くことが不得意で苦手なら、
字を書く練習をする。
本を読むことが不得意で苦手なら、
少しでもいいから本を読んでみる。

同じような失敗をしたり、
不満から抜けられなかったりする人の多くは、
自分の好きなことや得意なことしかしていないもの。
不得意で苦手なことへの努力を怠っている場合が多い。
「不得意だから」「苦手だから」と
そのままにするのではなく、
不得意や苦手を克服することで人は大きく成長する。
不得意や苦手なことから目を背けないで。

すべての人は完全ではない。

完全で完璧な人はひとりもいない。

みんな間抜けで、

いい加減で偏っている。

いい加減や適当がいい。

それはできないのではなく、

「良い」「加減」と知っているほどいい。

自分ができないとか

ダメだとか思わないで。

まずはなにかできた自分をほめるといい。

「俺、できるじゃん」

「私、できてる」

最初は小さなことでもいいから、

ちょっとでもできた自分をほめて、

少しでもいいから自信を持って、

またできそうな目標を掲げて、

また新たな目的に進めばいい。

自分をほめられるような目標を立てて、

自分をほめられるように頑張る。

そうしたら、

周囲を自然にほめられるようになる。

頑張っている人を見抜けるようになる。

自分で自分をもっとほめたらいいし、

ほめられるようにすればいい。

自分をほめられる状況は
つくったほうがいい

運気のいいときまでに
なにをするのか

「運気がいい」時期とは、運命を変えようと覚悟するとき。

運気のいいタイミングで、なにを決断してなにを継続するのか——。

僕の「五星三心占い」でいう

「幸運の年」「開運の年」にいいことが起きても、

それまでの準備や努力の積み重ねがなければ

それはただのラッキーなだけ。

「運気が悪い」時期とは、

自分の考えや行動パターンが変化していることに気づかず、

自分の「裏側の欲望」に踊らされてしまっているとき。

ただ、「運気が悪い」時期というのは、

大きく成長するための挫折や失敗を経験する時期だから、

それはただ「悪い」わけではない。

だから、その原因や理由をしっかり探ればいい。

そして、「運気がいい」時期と「運気が悪い」時期との

あいだの時期——ここで、どんなことをするかが大切。

種を蒔きしっかり準備をしなければ、

運気がいい時期に活かすことはできないから。

絶好球がくるとわかっていても、
バットを持っていなければ意味がない。
バットを振ったことがなければ
ボールに当てることもできない。
それまでに練習を繰り返して、
失敗や挫折から学びながら調整をしてきた人と、
なにもしないでバッターボックスに立つ人とで、
大きな差が生まれるのはあたりまえで。

運気のいいときまでになにをするのか。
あいだの時期を、大切にしてみるといい。

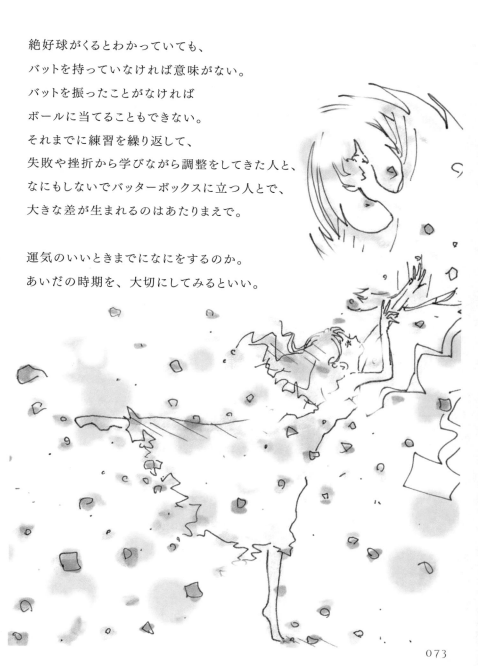

やれることはいっぱいある

他人は他人でみんな苦労しているのに、
苦労をしているのは自分だけだと思っていると、
いつまでも状況は変わらない。
他人を妬んだり、恨んだり、
僻んだりしても時間の無駄なだけ。
妬まない、恨まない、僻まない自分をどうつくるのか？

言い訳をしない人生を送る覚悟と、
「これだけ頑張ってダメだったら仕方がない」
とあきらめられるくらい、
もっともっと一生懸命頑張ればいい。
いま、目の前にあることに全力で、
一生懸命取り組んで、
失敗してもヘコんでも、挑戦し続ければいい。
自分が幼く、愚かだということを認めて、
「むかしの自分の考え方はダメだったな」といえるように。
やれることはいっぱいある。
文句や愚痴をいう暇があるなら、
もっと自分を成長させて、
もっと向上心を持って、
もっとチャレンジすればいい。

時間はかかっても、
それはいつかの笑顔に、
いつかの幸せになるから。

ちょっとしたコラムで読んだ話。

アメフトの試合で大怪我をして、病院に運ばれた学生がいた。

「もう一生歩くことはできないでしょう」

主治医からそう診断された学生は、人生に絶望した。

検査が進むなか、レントゲン写真を見ていた主治医は

「やはりダメだ……」と小さな声でつぶやく。

そこにたまたま通りかかった医者がいた。

なんとなくレントゲン写真を覗き込んで、こういった。

「あっ！　ここがわずかだけどつながってない？」

主治医がまた確認する。

「もしかしたら大丈夫かもしれない！」

主治医は前言撤回し、学生にも伝えた。

このひとことで「自分は治る！」と発奮した学生は、

リハビリを必死に繰り返し、自由に歩けるようになった。

僕がここでいいたいのは

医者の腕がいいとか悪いとかの話ではなく、

「わずかな希望で人間はどうにでもなる」ということ。

最後は本人の強い想いが奇跡を起こすのだけど、

「歩けない」と思ってリハビリをするのと

「歩けるんだ！」と希望を持ってリハビリをするのでは、

結果は大きく変わってくる。

たったひとことで人は変わる。

たったひとことで、人生は変わる。

たったひとことで、人生は変わる

告白できない恋は
本当の恋ではない

告白できない恋は、本当の恋ではない。
片想いをずっとしていてひとりで悶々としている時間を
恋だと思っている人がいるけれど、
それは恋ではない。

恋とは、相手に気持ちを伝えてからがスタート。
相手が自分の気持ちを知ってから、
どう動くのか？
それが大事。
告白して嫌われたくないという人は、自分自身のことが好きなだけ。
つまらないプライドを持っているだけ。

恥ずかしい……。
断られたら嫌だ……。
本気で好きなら、
そんな気持ちをきっと乗り越えられる。
自然と勇気が出てしまうのが本当の恋だから。

勇気を出して相手に飛び込んでみて。
恋はタイミングで大きく変わるから。
運次第では、いい結果を手に入れられるかもしれないから。

一歩踏み込んで、
本当の恋をはじめるといい。

人間あきらめが肝心。
どんどんあきらめればいい。
あきらめたほうがいいことは
いっぱいある。

ただ、あきらめる選択を間違えてはいけない。
「日々の努力はあきらめてはいけない」
遊ぶことやサボることをあきらめればいい。
楽なことをあきらめればいい。
休むことをあきらめればいい。
もう、目の前にあることをやっていくしかないと
あきらめればいい。
結果を出すことをあきらめても、
継続することはあきらめてはいけない。
生きることはあきらめてはいけないが、
死のうとすることはあきらめればいい。

人間あきらめが肝心だが、
なにをあきらめるのか、間違えてはいけない。
あきらめるから次がある。
あきらめられるから頑張れることがある。
あきらめようと思って頑張ってみたら、
いい感じであきらめられることもある。
あきらめることを上手に選択すれば、
いいあきらめができるもの。

人間あきらめが肝心。

あきらめるから次があり、

あきらめることからはじめることもある

人生に反省は必要。
自分のできないことと
できることの分別をつけることは
大切なことだから、
そこでできないことや
失敗したことから反省して
学ぶことが大切。
だから後悔はしない。

後悔も反省もしない人がいる。
己が悔やめば変わりもする。
他人の責任にしているから、
いつまでも同じことを繰り返している。

ときには後悔もいい場合がある。
後悔をするほどのことがあったから、
悔しかった思いがあるから、
他に活かせる人もいる。
二度と後悔しないように。
それもまた学びで、
どちらでも結局そこからなにを学べるか。
過去は過去で仕方がないから、
次の一歩に進める起爆剤にできれば、
それでいいのかも。

後悔はしないけれど
反省はする

いいことは真似る、悪いことは真似ない

仕事のできる人や、
経営者として立派な人の多くは、
本当に気遣いができる。
どうすることで、その場を盛り上げられるのか、
どうするとみんなが楽しくなれるのかを気にして、
食事会でも飲み会でも、つねに楽しくしてくれる。

どんな場所でも、人生を楽しむことは大切。
不満や愚痴は、楽しいものではない。
そんなことをいうよりも、
「どうしたらみんなが楽しくなれるのか?」
それを、もっと真剣に考えないと。

もっと、楽しませてくれる人に注目して、
もっと、素敵な人を見たほうがいい。
もっと、素敵な人を見習ったほうがいい。
心配りができる、
そういう真心のある人に会うと、
できない自分が恥ずかしくなるし、
勉強になるし、
素敵なことは真似しようと思えるもので。

いいことは真似る、悪いことは真似ない。

人生は、
それだけで十分幸せに順調に進む。
見返りを求めるから、不満が溜まる。
人生に見返りを求めてはいけない。

その場が楽しかったら、
すでに返ってきているのだから。

生きがいのために
生きる

生きることは大切だけど、
生きがいを見失わないように。

なんで生きているのか？
どうして生きているのか？
我々は生かされているのか？
生きなければならないのか？

生きがいを見つけることが、
生きるということ。

あなたの生きがいを
みんなから応援してもらって、
みんなの生きがいを
あなたが応援してみる。

生きるために生きるのではなく、
生きがいのために生きるといい。

自分を輝かせられるのは 自分だけ

どんな人にも、
出会う運気、
恋愛する運気、
結婚する運気がある。
だから、どんな人にも流れはくるけれど、
努力をしていなかったらその流れを逃すだけ。
運気だけで恋愛して、
結婚できるわけではない。
努力を続けていたから結果が出る。
それが、運気のいいタイミングということ。

努力を続けてきた人だから、
幸運になるタイミングに幸せをつかむことができる。
どうなりたくて、なにをしたいのか。
そのために、
自分の時間をどれだけ削って努力できるのか。
大変な思いを乗り越えて、幸せを手にする。

自分を輝かせられるのは自分だけ。
そのことを忘れないように。

「生きている限り運がいい」
運がいいからいまがあり、
運がいいからあなたは生きている。

悪い部分や嫌なところに
スポットライトをあててもなんの意味もない。
どんなことでもネガティブな部分はあるけれど、
「生きている限り運がいい」と思って、
未来のために自分を磨いていけばいい。

ネガティブな部分を探しても解決にはならない。
未来のための努力をしたほうが数倍いい。
言い訳しても、他人のせいにしても、
運はあなたに寄ってこない。

平等でないこともある。
納得いかないこともある。
残念に思うこともたくさんある。

でも、「生きている限り運がいい」。
運がいいからいまがあり、
運がいいからあなたは生きている。

他人が笑顔になる
お手伝いをしているだけ

まだ売れていない人を応援する。
最近はそれが楽しい。
誰かの背中を押して、なんとかしてあげたいと考えている。
まだ自分の生活もままならない時代から、
ずっと誰かを応援して、誰かの背中を押し続けている。
趣味でやっていた占いが、本業になってしまったけれど、
「周囲が笑顔になってほしい」と他人の笑顔のために生きることは、
思った以上に苦しくもつらくもなく、楽しいことのほうが多いもので。

その笑顔のまま生きてほしい。
笑顔なら絶対になんとかなる。
笑顔が似合わない人はいないから。
笑顔は人を輝かすことができるから。

僕は、笑顔になるお手伝いをしているだけで。
年齢を重ねれば重ねるほど、性格は顔に出る。
いい笑顔の人にはいい笑顔の筋肉がつく。
笑顔はどんな人でも似合うから、
笑顔でいられるように、
笑顔を見せられるように生きて。

「どんだけポジティブなの！」と、
周囲が驚くくらいポジティブになってみる。
周囲が笑ってしまうくらいポジティブになってみる。
周囲の気持ちが楽になるようにポジティブになってみる。
どんな言葉もポジティブに変換してみる。

ポジティブはあなたの魅力になり、人の心をつかむことができる。
なにより、運をつかんできてくれる。

ある会社の壁に「バカ」と書かれた落書きがあった。
それを見た社長がぼそっといった。
「『ば・り・き』ね。頑張れってことだな」
そのひとことで社員たちは大笑い。
みんなで落書きを消して、その会社の結束力は高まったそうだ。

ポジティブはつくり出すことができる。
ポジティブな発想や言葉は、
いくらだってつくり出すことができる。

ポジティブは
つくり出すことが
できる

努力をしているだけ

自分を好きでいられる

「自分を好きになれません」
「自分が嫌いです」
そんな悩みを聞くことがあるが、
「人はそんなに自分のことは
好きではないですよ」
多くの人は自分の外見や才能など、
己に不満があるもので。
コンプレックスはあってあたりまえで、
自分のコンプレックスを
克服するのが人生です。

人は老いるから、
自分のことをそんなに好きになれないから、
自分のことを好きでいるように努力する。
自分で自分を嫌いにならないように努力する。
コンプレックスや老いを受け入れて、
自分の良い部分も嫌な部分も、
努力して克服して受け入れていく。
多くの人は自分を好きでいられる
努力をしているだけだから。

本当は、人は自分のことは
それほど好きではないから、
そんなに考えなくていい。

刀を抜くということとは、
相手にも刀を抜かれるということ

刀を抜くということは、相手にも刀を抜かれるということ。
互いに大怪我をするか死ぬ場合もある。
だから、たやすく刀を抜いてはいけない。

「自分が正しい」の押しつけ合いほど面倒なことはなく、
双方が正しいと思い込むから、
喧嘩になったりトラブルになったりする。
己の人生は他人が90パーセント以上決めるもの。
他人が人生を決めていることを知れば、
敵を増やすか味方を増やすか、
どちらを多くしたほうがより良い人生を送れるのか、
少し考えればわかるもの。

嫌われてもいいが
敵にしないようにしなければならない。
「嫌われる」と「敵になる」は大きく違う。
そこの差を少し考えたほうがいい。
距離を上手に取るようにすればいいだけ。
いまは自分と合わなくても、
ときが経てば互いに理解できるときもくるかもしれない。
人生では味方を増やしたほうがいいけれど、
敵をつくる必要はない。
苦手な人や嫌いな人をわざわざつくることもない。
味方や好きな人や仲間をたくさんつくれば、
人生はまた楽しくなる。

他人からどう思われたいのか。

他人からどう感じてもらいたいのか。

「他人の目を気にする」ということではなく、

あなたに出会い、あなたと話し、あなたを見たときに、

相手にどう感じてほしいのか——。

ここがノープラン、

ノーテーマで生きている人が多い。

気分を顔に出したり、

態度が悪かったりする人がいる。

「どう思われたいの?」「なにを感じてほしいの?」

きっとなにも考えていなくて。

それでは他人から好かれないし、憧れられない。

テーマのない生き方をしてはいけない。

恋や結婚や生活や仕事、

あらゆることで、相手がなにを感じるのか。

相手にどう思って、相手にどう感じてほしいのか。

なにも考えないで生きていたら、迷ってしまう。

定めていないから道に迷う。

大事なのは、自分を見たときに、

相手がなにを思い、なにを感じるのか。

それを真剣に考えて

自分のテーマをしっかりつくること。

これができなければ、幸運を逃すだけ。

あなたの生きるテーマは

人生は足し算が大切で、
足し続ければ
それは大きな数になる

すべての人はなんにもできない。
でも、なにかひとつくらいは
極めることや才能や
向いていることがある。
それを見つけて、
それを磨くことで、
特徴や個性が出て認められて、
やっと1になる。
1を手に入れてから、
他のことをはじめて、
また違う1を手に入れて2にする。
とても地道なことをする。

人生は足し算がいい。
1を足して、また1を足す。
その足し算を繰り返した人が協力するから、
大きな数になって力になる。
まずは己が1になること。

ひとつを極めて、
そこからまた新たな1を
見つけるといい。
足し算は永遠にゼロにはならないから。

日々、1を大切に。
一つひとつが必ず足されるから。

助けられたことは忘れない

助けたことは忘れる。

いつも他人に助けてもらおうと思っている人は、
いつまで経っても運が良くならない。
他人を助けようとする人に運は味方する。
他人を助けなければ運はずっと良くならない。

他人まかせではいけない。
誰かに頼ることはあるけれど、
過剰に頼ってはいけない。
助けてもらおうとするからどんどん不満が出る。
助けてもらおうとするから感謝を忘れる。
それでは運はずっと良くならない。

助けたことは忘れる。
助けられたことは忘れない。

他人を支える生き方をするといい。
他人を助ける生き方をするといい。
そうすれば、運は良くなるから。

レジ袋の材料は廃棄になる石油。
割箸の材料は廃棄になる材木。
恵方巻のキュウリは見た目の悪いキュウリ。

「エコではない！」
「いや、廃棄処分になるものを使っている！」
どちらの意見もあるわけで。

真実はどこにある？
本当のところは？

義理チョコが良くないと騒ぐようになれば、
カカオをつくっている農家の生活は苦しくなる。
ネットが普及して便利になったけれど、
衰退した企業だってたくさんある。

便利な世の中にはなったけれど、
笑顔になる人と悲しむ人は必ずいて。
良いのか悪いのか──。
本当はわかっていないもの。

どんな世界にも、
「その場所で生きている人がいる」
そのことを忘れないで。

その場所で生きている人がいる

3

MARCH

気分で生きないで、気持ちで生きて。
自分の目標や目的に向かう覚悟が必要で、
覚悟がないのにほしいものをねだってもいけない。
目標や目的に向かう覚悟を持ったなら、失う覚悟も必要。
気分で生きない、気分で決めない。

気分で生きないで、
気持ちで生きて

気分を表に出さない、気分を捨てる。

気持ちを強く持って、気持ちで生きる。

気持ちを高めて、気持ちを信じて突き進む。

全力で生きて、いまの自分にできることを、地道にコツコツ続ける。

1日や2日では結果が出ない。1カ月や2カ月でも変わらない。

1年、2年と続けてようやく変わりはじめる。

それくらいの時間をかけてでも、いまの自分を壊して変えなければ、

その覚悟がなければ、過去といまの自分は変えられない。

いまの自分と未来のためにも覚悟を決める。

目標を決めて、その道で生きる。

そのために失うことを恐れない。目先の快楽や遊びに負けない。

すべてを投げ捨ててでも、ものごとに、本気で真剣に一生懸命取り組む。

真剣に本気になると楽しくなる。

娯楽や遊びや快楽を超えるほど、

一生懸命になれることを見つけられるといい。

誰のためでもなく、自分のために、自分の人生をもっと楽しんで。

身についた力で、他人を笑顔にできるように。

突き進む覚悟と、失う覚悟が必要。

気分で生きないで、気持ちで生きて。

出会いはつねに己に見合っている

出会いがないのではなく、
自分への甘い見積もりで、己を高く見積もっているだけ。
頑張ったら頑張った人に会える。
努力をすれば努力した人に会える。
だから、人は頑張り、努力することが大切。

好きなことを見つけて一生懸命になればいい。
自分の夢に向かって必死に頑張れば、結果は必ず出る。
良い結果か悪い結果かはその人の努力次第だけど、
自分の好きなことに突き進めば、
それに見合った人に出会える。
好きなことに一生懸命打ち込めば、
その一生懸命が素敵な人脈をつくってくれる。
好きなことを見つけた先の出会いは、
本当に素敵だったりする。

なんとなくやっているから、なんとなくの出会いしかない。
努力も頑張りもしなかったら、出会いもない。
出会えるだけの努力をしているのか。
出会えるだけの頑張りをしているのか。
頑張った人には頑張っている人がわかるから。
努力した人には努力している人がわかるから。
出会いはつねに己に見合っている。

大切なのは、損得勘定ではなく「得々勘定」

本当の損得勘定とは、
自分も相手も得をして、互いに損がないように考えられること。
それをどうはき違えたのか……、
自分だけが少し損したように見せて
結果的に自分が得をすることだと思っている人がいる。
もらったものは返さなければ。
なにで返すのか、なにができるのかを考えなければ。
お金ではなくサービスなのか、困ったときに手伝うのか……、
人生は持ちつ持たれつだから。

問題なのは、得するだけして文句をいったり
愚痴をいったり、陰口をいったりすること。
本当に損する人は、自分が得ばかりしている人。
自分だけの得を考える人は、必ず損をする。
なぜなら、すべてまわりの人が見ているから。
「あの人は感謝がない、恩返しをしない」と。
「おかげさまの精神」がないことは、
ちょっと一緒にいればわかるもの。
そのくらいは見抜けるもので。

自分と相手の得を考えることができる人が、本当の損得勘定ができる人。
つまり、「得々勘定」ができる人が、人生で大きな幸せをつかむもの。

「自分もみんなも！」が
幸せを呼び込む

「自分さえ良ければ」は不幸を招く。
「自分もみんなも！」が幸せを呼び込む。

「自分さえ良ければいい」と思っている人のまわりは
「自分さえ良ければいい」人ばかり。
トラブルがつねに起きて、
お金や知名度がどんなにあってもうまくいかない。

「自分もみんなも！」と思っている人のまわりは
「自分もみんなも！」と行動できる人ばかり。
お互いに恩と感謝を忘れず、
協力して支え合いながら生きられる。

「自分さえ良ければ」は失敗への道。
「自分もみんなも！」は成功のきっかけ。

「自分さえ良ければ」は人を遠ざける。
「自分もみんなも！」は仲間が増える。

「自分もみんなも！」が幸せを呼び込む。

3

悩みや不安や心配ごとは、「考える」にあてはまらない

悩みや不安や心配ごとは、
「考える」にあてはまらない。
この先生きるために、いま、なにをどうするか。
相手の気持ちを考えたり、
どうしたら生きられるのかを考えたり、
自分の能力や自分に足りないことを考えて、
では、どうすることが最善なのかを考える。
なにが足りなくて、なにをしなければならないのか。
足りないところを強化し、得意なことはさらに伸ばす。
生きるために不要なことは、
どんどん削ってしまえばいい。
そして、考える、考え方を考える——。

悩みや心配ごとを考えるのではなく、
どう生きるかを考えて、行動する。
なににどんな意味があって、
なにが原因で、どうしてこうなったのか。
そして、どうするべきかを考えて行動し、
経験してまた考えて行動する。
人生はただその繰り返し。
考えられることはたくさんあって、
どんどん経験して、もっといろいろ考えるといい。

本を出せば、いろいろな人からの相談が減ると思ったら、
本を出せば出すほど、いろいろな人から相談や話が増えた。
人生とは、逆に進むからおもしろい。

自分のなかのあたりまえと逆に進んでみると、
人生は突然好転したり、流れが変わったりする。
でも、それはなかなかやれない。
いまの生活パターンが楽で変えられないから。
現状に不満があり、満足できないなら、
満足できるまで自分のなかのあたりまえを変えて、
成長させればいい。

同じところに止まっていてうまくいかないのは、
同じことをやっているから。
なら、毎度のパターンをやめればいいだけ。
同じ服装や髪型、趣味をやめてみる。
変えてみればいい。
問題はすべて自分のなかにある。
楽をして変えないでいるから、不満から抜け出せない。

いつもと同じだからやめる、あきらめる。
そんな、切り替えが大事。
現状に不満がある、納得がいかないなら、
あたりまえとは逆に進んでみればいい。

人生は逆に進むからおもしろい

占いが当たっても驕らず、外れても腐らず。
占いが当たったからといって、偉そうになることもなく、
調子に乗らず、クヨクヨすることもなく、
メソメソすることもなく、また、勉強。
反省と、学びの繰り返し。

「飯田は何年も変わらないな」といわれる。
考え方や表現、人としての成長はあるものの、
そもそもの性格や態度は、
むかしからなにも変わっていない。
そもそも変える必要もない。
ものごとがうまくいったからといって、
驕るからものごとが見えなくなる。
驕るから隙ができ、学ばなくなる。
うまくいったときは、ただそれだけのこと。
負けや失敗をしたからといって腐ってはいけない。
他人の責任や時代のせいにして逃げてはいけない。
しっかりと現実を受け止めて、また頑張ればいい。
コツコツ努力を積み重ねればいい。
勝手に腐らない、妬まない、恨まない、僻まない。
前向きな気持ちで生きて、
同じ失敗を繰り返さないように頑張るだけ。

勝ったからなんだってこと。
負けたからなんだってこと。

勝ったからなんだってこと。
負けたからなんだってこと。

嫌いな人の影響を受けるほど、
つまらない人生はない。

「挨拶をしたら無視されたのでもう挨拶しない」
そんな残念なことをいう人がいる。
それでは、あなたが嫌いな人と同類になるだけ。
あなたが嫌いな人と同じになりたいの？
あなたが嫌いな人に憧れているの？
あなたが嫌いな人と一緒になりたいの？

影響されるべきは、
あなたが素敵だと思う人。
あなたが憧れている人。
あなたが尊敬できる人。

嫌いな人の真逆のことをすれば、
幸運をつかむことができる。

嫌いな人の影響を受けるほど、
つまらない人生はない

自分の機嫌に
左右されないように

自分の思い通りにならないからといって、
機嫌を悪くして、周囲をコントロールしようとすることは、
人としてやってはいけないこと。
そんなことをすると、運気が悪くなる。
不機嫌な感じをわざと出して、他人に気を使わせる人は、
運気がどんどん落ちてしまう。
それに左右される人も運気が落ちる。

どんなに機嫌が悪そうな人がいても気にしない。
その人はその人、他人は他人なのだから、
機嫌が悪いことにつきあう必要はないから。
そんな人は、勝手に運気が落ちていけばいい。
問題はそれにつきあうこと、
他人の機嫌に巻き込まれてしまうこと。
誰だって、不愉快になったり、「嫌だな」と思ったり、
ムッとしたりすることはある。
それは誰でも感情があるから仕方がないけれど、
それを出し続ける理由はない。
自分が我慢すれば、自然に良い方向に流れるもの。

幼稚な考えではいけない。

すべてが「心の修行」なのだから、

思い通りにならないことを「感情に出さない修行」として、

「これで運気が上がる」と思ってみる。

イライラするときこそ、笑顔で、楽しいことを考えて、

「このくらいで済んで良かったな」と、「怒らないゲーム」をしてみる。

思い通りに進まないことでも、

「最善で、最高な方向に進んでいる」と思えば、

自然と機嫌は良くなるもの。

機嫌良く、明るく元気で、笑顔で愛想良く――。

それを続けることが、運気を上げる。

それを続けられる人が、幸運をつかむ。

他人の機嫌に左右されない、

自分の機嫌に左右されないように生きる人に、運は味方する。

懸命に生きよう

知り合いの先輩のお子さんが心臓の病気になり、
日本での手術ができなくてアメリカで手術をすることになった。
渡航費や手術費で、1億2000万円も必要だという。
そんな大金がわずか数カ月で集まることはないと思ったが
これまで先輩にお世話になった人たちが一斉に動き、
2億円近い募金が集まって手術をすることができた。

人とどんどん関わって、いろいろな人と仲良くして、
困った人を助けて、みんなで協力して、懸命に生きよう。

懸命に生きて築かれた人との関係性は、きっと、
困ったときの力になるから。
そのために、人のためになにができて、
いまどうすることがベストなのかを考えてみよう。

自分が本気で困ったときに、
手を差し伸べてくれる人がどれほどいるだろうか?
困ったときに助けてもらえないような生き方はやめよう。
感謝の気持ちを持って、それを生き方に出していこう。

人生で大事なのは、運やお金や地位だけを求めるのではなく、
魅力ある生き方をすること。

懸命に生きよう。

「あたりまえ」に感謝する

生きていくうえで、
自分の力ではどうすることもできないことがある。
病気、怪我、自然災害、不運な事故……。

できれば起こってほしくないことだけど、
それは、感謝するタイミングでもある。
「あたりまえ」だったことが崩れ去るとき、
あなたが不運だと思うなら、
なにかが「あたりまえはない」と教えてくれたということ。

だから、「あたりまえ」に感謝する。
これまでのすべて、これまでの命に感謝する。

不運を感じたとき、
あなたは本当の感謝を見つけることができる。

つまらない生き方をしたら
もったいない

幸せになれない人は、

いつも現状に満足できず

目の前の幸せを見ることができない。

自分の感情を抑えられず、簡単に怒る。

他人の努力や苦労を想像できず、嫉妬する。

過去に執着して前に進まず、いつまでも他人を妬む。

笑顔をつくれず愛想良く生きられない。

日々の努力をせずになまけることだけを考えて、

成功者もなまけて生きていると思っている。

世の中には、あなたを楽しませようと、
いろいろな要素がそろっている。
考え方や生き方を少し変えるだけで、
いまがどれだけ幸せなのか、
いまがどれだけ満たされているのか気づけるようになる。

下手なら上手になればいい。
見本や手本は、他人を観察すればいいだけだから。
魅力ある人を見る。
尊敬できる人を見る。
素敵な人は山ほどいるから。

まぶしいくらい輝いている人もいる。
だから、つまらない生き方をしたらもったいない。
一生懸命に生きて、
他人の人生に役立てるような生き方ができれば
必ず救いの手はやってくる。

自分も笑顔で、
他人も笑顔にさせられるように日々生きよう。

人生は自分で思っているほど、
自分では決められなくて

ずーっと苦労していた人が、
ある日突然チャンスをつかんで、
これまでとは違った生活を送る。
そんな人を何人も見てきた。
共通点は、みんな素直だった。

「これやってみたら」
そういわれたら素直にやってみて、技術を身につけたり、
「ここに行ってみたら」
そういわれてそこに行ったら素敵な出会いがあったり。
誰にでもチャンスのきっかけがある。
チャンスの前には、必ず小さなきっかけがある。
この小さなきっかけをつかむには、素直でいることが大切。

僕も小さなきっかけから、人生が大きく変わった。
周囲の声にできるだけ応えることしか
いまの自分にはできないから、
求められるうちが華だと思うから、
できるだけ応えていきたいと思う。

人生は自分で思っているほど、
自分では決められなくて。
他人から求められるように、どう生きるかが大切で。
どれだけ素直にものごとを受け入れる
器の持ち主になるかが大切で。

他人の成功や幸せを
素直に喜べる人は、
素敵な顔になってくる。

心が綺麗な人は素敵な顔になる。
心の豊かな人は良い顔になる。

妬んだり恨んだり、
批判ばかりしていると
どんどん嫌な顔になる。
悪い顔になる。
暗い顔になる。

自分がどんな状況だろうが、
他人の幸せを、
「良かった」と喜べる人に
幸運はやってくる。

他人の幸せを素直に喜べる人には、
運が必ず集まる。

他人の幸せを
素直に喜べる人には、
運が必ず集まる

「自分にはできることが なにもない」と思うなら、 他人になにかを 与えればいい

己にできることがなにもないと思うなら、

他人になにかを与えればいい。

笑顔でいるだけでもいい。

明るく元気でいるだけでもいい。

大きな声で挨拶するだけでもいい。

自分が認められるように生きるよりも、

自分がほめられるように生きるよりも、

他人を認めて、他人をほめてしまえばいい。

人は自分を認めてくれる、

ほめてくれる人のところに集まるもの。

気がつけば心が豊かになっている。

自分は他人になにを与えられるのか。

大きなことはしなくてもいい。難しく考えない。

シンプルに、他人の喜ぶことを、
他人が笑顔になることを、
他人が幸福に感じることを続けてみるといい。
そこには見返りを求めない。
そこには期待をしない。
そうすれば、
フッと幸せが向こうからやってくる。
「自分にできることはなにもない」と
思う人ほど
他人に与えてみるといい。

青い空は見える

虹は出ていなくても、

同じ道を歩くにしても、
下を見てコインを探すのか、上を見上げて虹を探すのか、
なにも考えずに歩くのか、周囲の人を観察しながら歩くのか。
その選択の違いで人生が変わるのは当然のこと。
「同じ運気でも人生は変わる」とはそういうこと。

道にコインが落ちていることなんて滅多にない。
上を見上げて——虹は出ていなくても、
青い空は見えるだろう。
なにも考えずに歩いてもなにも学べない。
周囲の人を観察しながら歩けば学べることがある。

生年月日が同じで、
占いで同じ運気なのに人生に差が出るのは
どこを向いてなにを観察しているかの違いにある。

もったいない人生を送らないように、
もっと前を、もっと上を見て。
下を見るのは、つまずかないようにときどきでいい。

人生はタイミングで 大きく変わる

「自分は絶対に変わらない」と自信を持っている人がいる。
頑固な人?　あきらめている人?
自分の可能性に賭けない人?　自分の成長を楽しめない人?
理由はいろいろあるけど、そういう人は、
「自分に自信がない」というネガティブな自信を持っている。

何度もダイエットに挑戦して挫折したから、
「自分はやせられないダメな人間だ」と決めつけて、
そこからはもう前に進めなくなってしまう。
もしかしたら、タイミングが悪かったのかもしれない。
挫折しやすいタイミングでダイエットをはじめてしまったから、
前に進めないというネガティブな自信を持ってしまう。

人生はタイミングで大きく変わるもの。そのために、占いがある。
占いのもっとも正しい使い方は、
自分のなかにあるネガティブな自信を崩すタイミングを知ること。
運気がいいからいいことがあるのではなく、
運気がいいから動き出すことができる。決断することができる。
覚悟を決めることができる。努力しはじめることができる。

「自分は変わらない」と思うネガティブな自信は、早くなくすといい。

ひとつの恋が終わったら、
相手に感謝すればいい

失恋するから、もっと素敵な人に出会うことができる。
ひとつの恋をしっかりあきらめるのは、とっても大切なこと。
「こんなに好きにならせてくれてありがとう」
そう感謝して、前に進むといい。

「あの人とつきあっていたら……」
そうやって振り返るのもいいけれど、
前に進むことで、もっと素敵な人に出会うことができる。
ひとつの恋をあきらめて成長したら、
もっと素敵な人が目の前に現れるから。

過去の人の影を追いかけていると、同じような失恋を繰り返すだけ。
だから、過去の恋から学んだほうがいい。

好き過ぎて自分をうまく表現できないこともある。
好き過ぎて自分だけが我慢してしまうこともある。
愛するより愛されたほうが、自由になれて、自分らしくいられることもある。

あなたを大切にしてくれる人を見極めて。
見た目のタイプも重要だけど……
あなたを大切にしてくれる人を選んだほうが、
あなたの人生はもっと豊かになる。

ひとつの恋が終わったら、
もっと好きな人に、もっと好かれるように生きればいい。
ひとつの恋が終わったら、相手に感謝すればいい。
もっと素敵な人が目の前に現れるから。

なにかを失うということ

なにかを得るということは、

頭が良いなら、なにかを失っている。

運動ができるなら、なにかを失っている。

芸術の才能があるなら、なにかを失っている。

手に職があるなら、なにかを失っている。

誰もがなにかを失って生きている。

他人の失っている部分を突っ込んでも仕方がない。

なにかを失っているから、

なにかを得ているだけ。

完璧な人はいない——。

そこに常識や倫理、

道徳心や誠意があればいいだけ。

なにかを得るということは、

なにかを失うということ。

すべての人にはなにかしらできないことがある。

その代わりになにかができる。

失っている部分は必ずあって、

その代わりになにかを得ている。

偏ったところで、なにかを失って生きている。

それはお互い様だから、

協力して生きることが大事なだけ。

なにを失いにいくのかを決めることも、

良い人生を過ごす方法のひとつ。

楽しむにも努力がいる

自分の人生をもっと楽しむ努力をする。

自分の運命をもっと楽しむ努力をする。

楽しむのに努力が必要なことを知らない人がいる。

楽しむのに努力がいらないと思っている人がいる。

楽しむのにも、積み重ねが必要で、

どうしたら楽しいのか、どうすると楽しくなるのか考えなければならない。

試行錯誤しなければならない。

楽しいことをするためには、失敗や挫折もある。

楽しめないことを、悔やむことも必要で。

楽しい人生を送るためには、どうすることが大事で、

運命を楽しむためには、どう考えることが大事なのか?

いろいろな人と話したり、他人を観察したり、

楽しむための勉強や学びも必要で。

楽しむためには苦労も困難も必要で、

ただ受け身で、ボーッとして、なにもしないでいるから楽しくなくなる。

楽しくなれるような頭脳を持ち、

楽しく生きられる努力をしなければならない。

自分の人生や運命を、

もっと楽しめるように努力するといい。

自立することが
いちばんの親孝行で

「学校を卒業したら家から出ていきなさい」
親がそういうのは冷たいのではなく、
自立をさせるためにもあたりまえで。

いつまでも実家暮らしをしても甘えるだけ。
自立をさせることが重要で。
「実家を出なさい」とはっきりいえる親は、子どもを信頼している。
「この子は社会に出てもやっていける」
「変なことをしない信用できる子だ」と思っている証拠。
甘くいっても決断しないから、はっきり厳しく、
ときには冷たい言い方になるかもしれないけれど、
それは、身内だから。

自立することがいちばんの親孝行で。
自立もしないで親元にいると、
親離れ、子離れできなくなるだけ。
親に「実家から出ていきなさい」といわれたら、
自分は信用されていると思って、
親の信用を裏切らないように生きようとしたほうがいい。

信用されるということは、
社会でいちばん大事なことだから。
その信用を増やすということが、
幸せのひとつでもあるから。
自立することが重要で、
いつまでも甘えてはいけない。
子どもでいることは
いいことでもなんでもない。

親からの信用を崩さないように生きる人に、
運は味方する。

前があるからいまがあり、いまがあるから次がある

あるものを受け継いで、それを次につなげる。

人生とは、ただそれだけのこと。

すべての人は、受け継がれた流れのなかでしか生きていない。

特別に偉い人はひとりもいない。

無から有をつくった人など、誰もいないのだから。

新しい商品も、新しいアイデアやデザインも、

受け継がれたからできただけ。

それを次につなぐだけ。つなぐことが重要で。

つないできてくれた先輩や先祖や先人がいるから、いまの自分がいて。

大事なのは、次につなぐことがどれだけできるのか。

いまに感謝すれば次のことを真剣に考える。

受け継がれることの重要性がわかれば、

次になにをしなければいけないかがわかるもの。

いつまでも幼稚で、自分勝手な生き方をしていてはいけない。

自分の存在は、次につなぐ架け橋、流れの一部でしかないもの。

前があるからいまがあり、

いまがあるから次がある。

いまだけに生きず、前をもっと感じて、

次のことを考えて生きられるようにするといい。

自分の常識ではなく、
「非常識」で生きるといい

自分の常識は相手の常識ではない。
だから、自分の常識以上のことをやっている人は
相手から評価される。
自分の常識の範囲内では、相手の常識以下になる。

自分の常識をどう上回るのか?
「非常識」にどう生きるのか?

非常識な努力と頑張りがなければいけない。
自分の常識を守ってはいけない。
自分の常識とは、
ただひとつの基準に過ぎないから。

自分の常識の範囲内では、
相手の常識以下になる。
自分の常識ではなく、
「非常識」で生きるといい。

受け入れれば道が見えてくる

本当に美しく生きるってどんな生き方？
どんな生き方が本当に魅力的？

どんなことでも受け入れるのか、
受け入れずに流してしまうのか？
そこに大きな違いがある。

だから、すべてを受け入れる。

手放せないから苦しくなる。
忘れられないから苦しくなる。

どんなことでも受け入れる。
受け入れれば道が見えてくる。

どんなことでも受け入れるといい。
すべてを受け入れるといい。

過去に不幸やつらいことがあったから、
「いまは幸せ」と思うことができる。

「幸せ」「不幸せ」の基準はいつも自分にある。

大きな国の大統領と比べたら、どんな人だってお金もないし権力もない。
比較の対象は大統領じゃなく、過去の自分。
他人と比べても意味はない。
幸福度に差があってあたりまえで、求めている幸せだって違うから。

今日が幸せだったら、明日は不幸せかもしれない。
昨日が不幸せだったら、今日は幸せかもしれない。

「幸せ」「不幸せ」の基準はいつも自分にある。

幸せをすぐに忘れてしまう人がいる。
感謝を忘れて、自ら不満をつくって、
思い通りにならないことにイライラして……。
努力が報われないことにイライラして……。

幸せを感じられない人ほど、
すでに幸せなことが多いもの。
幸せな日が続くと幸せに鈍感になるのが人間だから、
たまには不幸せな日があっていい。
幸せを忘れずにいられるから。

「幸せ」「不幸せ」の基準は
いつも自分にある

愛したこと愛されたこと。
ただ、それだけで十分

好きになったときの記憶と心のときめきを忘れない。

一緒になってくれた瞬間の感謝を心に刻んで。

「この人のためなら死ねる」と思えるくらい、

愛せることを教えてくれたことを忘れない。

過去に執着してはいけない。

いいことも悪いこともすべては過ぎ去ったこと。

過ぎたことにこだわってはいけない。

すべては、自分を成長させる経験なだけだから。

「過ぎて去った」から「過去」。

でも、人を好きになった記憶と死ぬほど好きになった感情と、

人を愛した過去だけを忘れなければいい。

そのときの記憶、そのときの感情、そのときの愛、

そのときの覚悟を忘れないように。

過去で大事なのは誰かを愛した気持ち。

それ以外の過去は、すべてはただの経験。

それは良くも悪くもどうでもいいこと。

成長すれば、必ずそれ以上のことはある。

ただ、それだけのこと。

愛したこと愛されたこと、

好かれたこと好きになれたことへの感謝を忘れない。

つきあいはじめのとき、結婚を決めたときのことを思い出すだけでいい。

ただ、それだけで十分。

努力を続けて、真剣に頑張れば頑張るほど、

文句や愚痴や不満はなくなるもの。

自分に与えられたことに真剣に取り組んでいたら、

文句をいう暇も、不満を考える時間もなくなる。

目の前のことに一生懸命になっていれば、

もっと生きることに必死になっていれば、文句は絶対に出ない。

文句や愚痴や不満は、甘えのなかに出てくる。

いまの状況に甘えているだけ。

己が努力をしないから悪い。ただそれだけ。

文句や愚痴や不満が出る人は、

どこにいてもなにをしても、なにも変わらない。

大切なのは、苦労と困難と挫折と失敗とストレス。

そして、1パーセントの己の好きなこと。

その好きなことに、全エネルギーを使うこと。

力を蓄えて爆発的に力を出すだけ。

そこでストレスを発散することもできるので、

そのためにも、好きなことを見つけるようにしたほうがいい。

好きなことが見つけられないから、先がわからなくなってくる。

好きなことを見つける旅が人生だと思って、

好きなことを探すといい。

でも、好きなことだけということはできないもので。

いろいろな苦労や困難があって、

はじめて好きなことに爆発的な力を出せるもの。

好きなことを見つける旅が人生

魅力ある生き方を
考えてみるといい

その発言に、その行動に、魅力があるのか?
もっと、魅力に注目したほうがいい。

魅力的な人がいる。
「ここまでやるか!」と思えるほどの
サービス精神や親切心、真心のある人に会うと、
すごく魅力的だと思う。
忍耐強く、ひとつのことを極める魅力もある。
礼儀を守る魅力もある。
生きる姿勢が素敵な人は魅力的で。

その発言には魅力があるのか、
その行動は魅力的なのか、
魅力ある生き方とはなんなのか、
そこをもっと考えてみるといい。
魅力ある人にもっと出会って自分を磨いて、
自分を近づけてみるといい。
出会いがないのではなく、己に魅力がないだけ。
仕事がうまくいかないのではなく、己に魅力がないだけ。
お金に苦労しているのではなく、己に魅力がないだけ。

人の悩みや不安の多くは、己に魅力があれば解決できる。
他人を魅了できる力を身につけるように。
もっと魅力的な人を見て魅力的な生き方をすると、
幸運は簡単にやってくる。

3

夢はあってもなくてもいいけれど

夢は叶えばいいけれど、

叶わないからといって悪いわけでもなく。

「あの山に登ろう！」と決めた目標に対し、

「難しいな」とあきらめるのか、

筋力トレーニングをはじめるのか、

仲間を集めるのか。

なにが必要なのかを冷静に判断して、

無駄なく的確に道具を揃えて、

その山を登ればいい。

途中で道具が足りなくなったり、

準備だけで疲れて終えてしまったり、

途中で別の夢ができたりすることもある。

でも夢に向かって突き進んだ筋力は、

他でも活かせるもので。

失敗や挫折をしても、

経験として筋力がついたと思って、

また違う方向へ向かって頑張ればいいだけで。

夢はあってもなくてもいいけれど、

あったほうが、進む方向がはっきりわかる。

「夢がない」という人にも、

それぞれに山はあるから、

なんとなく進む方向はわかるもの。

動くだけで、筋肉はつくもので。

過度な期待をする前に
覚悟を持つといい

理想の結婚生活も、
理想の子育ても、
誰もできたことがない。
未経験なことをどれだけ想像しても、
それは想像の世界でしかなく、
理想通りになることはない。

過度な期待をする前に覚悟を持つといい。
理想を持つのはいいけれど、
他人と一緒に同じ屋根の下で生活するのだから、
すべてが合うわけはない。

結婚とは幸せになることではなく、
苦労をともにする人と一緒になること。
思い通りにならないことが倍になるけれど、
幸せなことや、楽しいことや、
おもしろいことだってたくさんある。

過度な期待をする前に
覚悟を持つといい。

自分のルールで、自分の人生を楽しくすればいい

恨むとか妬むとか、
つまらない怒りのルールに縛られて、
自分がどんどんがんじがらめになって、
身動きが取れなくなって、
前が見えなくなっている人がいる。
イラッとしたり、ムカッとしたりすることは
日々、生活していればあり得ることで、仕方がない。
「もう忘れよう」「過ぎたことだから許しましょう」と
すべてを許したほうが、
相手ではなく自分が楽になる。
自分が自由に楽になるために、
他人を許したほうがいい。
「なにをカリカリしているんだか……」
「はいはい。過ぎたこと、過ぎたこと」
そう自分に言い聞かせれば楽になる。
運のいい人や幸せそうな人は、先の話ばかりをする。
明日の話、未来の話、夢の話が好きな人になれるといい。
思い出話をするときは、
過去の嫌な話や苦労話を
良い思い出に変換して話せばいい。
前向きで先を見続けられるような
自分のルールをつくると、人生はまた楽しくなる。
夢と希望と未来を目指し続ける人に運は味方する。
自分のルールで、自分の人生を楽しくすればいい。

APRIL

嘘つきに
なったほうがいい

嘘はついたほうがいい。嘘つきになったほうがいい。
人生には嘘がいちばん大事。
ただ、ここでの嘘とは、他人をだます「嘘」ではなく、
自分に対しての「嘘」のこと。

今日は朝からだるい、今日はやる気がしない。
そんなことを思っても、
「今日も元気で最高のコンディションだな」って。
なんでもいいので、ポジティブな嘘を自分についてみる。
これを日々繰り返すだけ。
そうすれば、憂鬱な気分もなくなってくる。
いちいち声に出さなくてもいい。
もうひとりの自分に話しかけるように――。
いい嘘を繰り返す習慣が身につけば、
自然と楽に、自然とおもしろくなりはじめる。

苦しいときこそ、もうひとりの自分へ、
「まだまだいけるだろ！　根性出せよ！　自分！」
「このくらいでへこたれないぞ。まだまだ絶好調！」
と話しかけて、困難を乗り越えていけばいい。

自分の頭と心は別のもの、これが理解できると人生はおもしろくなる。
頭ではダメだと思っても、心を強く保てるようにすればいい。
それには嘘がいちばん。

「調子がいい」「楽しい」と自分に嘘をつくと、不思議と力が湧いてくる。
いい意味で自分をだますことで、人生をスムーズに進めることができる。
いつも明るく元気で、へこたれず陽気な自分でいられるように。
困難に負けない自分で、おもしろく生きられるように、
自分に嘘をつく。

そうすれば、道は拓いていく。

人に会えば会うほど
いいことしかない

人に会えば会うほど人と話しやすくなって、
人に会って話せば話すほど話のネタが増えて、
人に会えば会うほど楽しくなって、
人に会えば会うほど人がわかって、
人に会えば会うほどいいことしかない。

自分と合わない人もいる。
苦手な人や、嫌いな人も出てくる。
でも、どんな人でも必ず良いところはあって、
どんな人でも好きになれる部分があって、
どんな人でも親がいて、
どんな人でも友人はいて、
どんな人でも生きている。

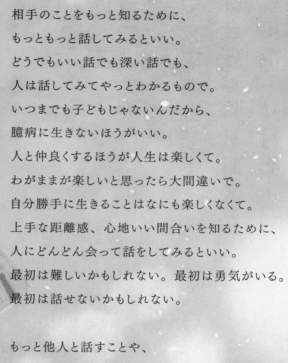

相手のことをもっと知るために、
もっともっと話してみるといい。
どうでもいい話でも深い話でも、
人は話してみてやっとわかるもので。
いつまでも子どもじゃないんだから、
臆病に生きないほうがいい。
人と仲良くするほうが人生は楽しくて。
わがままが楽しいと思ったら大間違いで。
自分勝手に生きることはなにも楽しくなくて。
上手な距離感、心地いい間合いを知るために、
人にどんどん会って話をしてみるといい。
最初は難しいかもしれない。最初は勇気がいる。
最初は話せないかもしれない。

もっと他人と話すことや、
もっともっと人に会うことに慣れたほうがいい。
人間がいちばんおもしろい。
他人がいちばんおもしろい。

人と話すことがおもしろいことに気がつくと、
「人生はこれほどおもしろいか」と思えてくる。

人に会えば会うほど、人生は楽しくなる。

自分が初対面なら相手も初対面

「初対面が苦手です」
そんなことをいう人がいるけれど、
自分が初対面なら相手も初対面。
条件は同じ。
だから、臆病や面倒になる気持ちや
なにをしゃべっていいのかわからないのは相手も同じ。
それなら、自分だったらどうしてほしいか考えて。

人と話していると、自分はなぜこの人に出会ったのか、
理由がわかる。
必ずなにか学べるから。
良い学びもあるし、悪い学びもある。
学べない人はいないから。
人と話すと、「この人から、
これを学ぶために出会ったんだな」と思う。
考え方や学んできたことや生き方。
テレビや本からではなく
実際に体験した、経験した話からはたくさん学べる。
世の中で学べない人はいないと思うから、
人に会って話してみるといい。
苦手だから、面倒だから、そんなことをいわないで。
苦手だと思うほう、
面倒だと思うほうに、
幸福が隠れていることが多いから。

「飲みに行きませんか?」
「一緒にごはん食べませんか?」
「映画でも行きませんか?」
なんでもいい。
誘われるまで待っていてもなにも変わらない。
「もし断られたら」
そう思う前に、突然誘っているんだから断られてもあたりまえ。
誘って断られたら、「今日は縁がなかったのか〜」でいい。
嫌われていると思ったり、ヘコんだりする必要はまったくない。
タイミングが悪ければ、どんなに会いたい人でも会えないもの。

同じ人と遊んだり話したりするのもいいけれど、
月にいちどくらいは新しい人に会って話してみるのもいい。
出会いが多いほど人は成長するから、
考え方や視野が広がってくる。
学生時代に嫌な思い出が多過ぎると
人間関係に臆病になるけれど、
社会に出ればそんなに悪い人はいない。
ソリが合わなければ、離れればいいだけ。
社会での出会いは自由でとても楽。

でも、動かないといつまでも出会いはない。
変わらない時間と変わらない自分に早く飽きて、
誰かを誘ってみるといい。
その一歩が人生を変えはじめる。

誘われるまで
待っていても
なにも変わらない

145

挨拶ができない人は、
幸運を手に入れることはない

挨拶ができない人は、幸運を手に入れることはない。

自分の幸せのすべては、
他人がつくってくれていると考えるなら、
先に他人への挨拶ができてあたりまえで、
自分から先に挨拶ができれば運気は少し上がる。
ときどき、「自分が挨拶しても返さない人がいるから、
挨拶はしたくない」という残念な心の人がいるけれど、
それは問題を他人にスライドさせているだけ。
本当は自分が挨拶できるかどうかの問題であって、
他人のことなんてどうでもいい。

もしかしたら、相手に気づかれないくらい
小さな声で挨拶しているかもしれない。
相手の目を見て挨拶していない
自分が悪いのかもしれない。
他人の責任にする、その残念な心が自分にあることを、
その人が教えてくれているのかもしれない。

自分がもっと笑顔で明るく挨拶すれば、
自然と人生は変わっていくもの。
「己が変われば周囲が変わる」は、
挨拶がしっかりできるようになればわかるもの。

挨拶ができない人に、運は絶対に味方しない。
挨拶ができない人に、幸運は絶対にこないから、
他人の心を動かせるくらいしっかりと挨拶する。
もっと挨拶にこだわって生きてみるといい。
そうすれば、自然と楽しくおもしろくなる。

夢を実現していく人から、
愚痴や不満を聞いたことがない。

僕の知人で、
一般的な会社に勤めながらコツコツ貯金をして、
40代で1億円を超える資産をつくった人がいる。
その人は不動産投資の勉強をしていて、
いまでも努力に努力を重ねている。

この知人から、
愚痴や不満を聞いたことがない。
なぜだろう?
それは、具体的な目標があるから。

自分はどうしたいのか?
これからどうなりたいのか?
具体的な目標があれば、
正しく努力することができる。
具体的な目標があれば、
悩みや不安も減っていく。

そこに運はあまり関係ない。
具体的な目標を、しっかり決めてみるといい。

具体的な目標があれば

社会に出ると、
多くの人は自分を上手に消して、
別の自分をつくって演出して生きている。
仕事で給料をもらうということは、
その役になり切らなければならない。

あなたは、いまの立場の役を
しっかり演じられていますか?

自分を出したり、自分のことばかり考えたりするのは素人。
プロならプロとして、その役を演じなければならない。
それは嘘とか本当とかではなく単純に役割だから。
あなたはあなたの仕事の役を、
もっと徹底して演じるといい。
自分しか知らない自分が「本当の自分」だけど、
それをわざわざ出す必要はない。
「自分」を出すということは、
否定されたらそれでおしまいだから。

役ならば、
役を変えたり、演技を磨いたり、
役にもっと徹すればいいだけ。
すべての人は役者だから、
すべての人はもっと演技を学んで、
その役に徹するといい。

あなたはあなたの仕事の役を、
もっと徹底して演じるといい

本当の「友」をつくるように

「友」という言葉を、
冷静になって考えたほうがいい人が多い。
友だち、友人、親友……とあるけれど、
自分が困ったときになんの見返りも求めず
あなたを助けてくれる人。
それが本当の「友」。
調子のいいときだけに会う人は、
所詮はただの知り合い。
ここに振り回されるから、面倒になってしまうことがある。
困っていたら、なんの見返りもなく助けてくれる。
協力することを惜しみなくできる人が、
本当の「友」。

「裏切られた」
「お金を貸したら返ってこない」
「恋人を奪われた」
「悪口をいわれた」
これはすべて、「友」ではない。
それは、あなたを困らせる嫌な知り合いなだけ。
本当の「友」は、あなたを助けてくれる人で、
あなたもその人を無償で助ける人。

感謝すれば運をつかめる。
感謝すれば愛される

他人と比べない、
上を目指し過ぎない。
不運の原因は、
現状に感謝ができないから。

欲張らずに、現状に感謝する。
心の偏差値を上げれば、人生は変わる。

感謝すれば運をつかめる。
感謝すれば愛される。
だから、すべてに感謝する。

批判しない、否定しない。
妬まない、恨まない。
不運の原因は、現状に感謝ができないから。
運がないからでもなく、才能がないからでもない。

感謝の気持ちを持つことで、
人生は変わる。

最初はみんな優しくされる

落ちるところまで落ちないとわからない人がいる。
そんな人に限って、恨んだり、妬んだり、僻んだりする。
すべての人にチャンスはあるのに、
努力しなかったのは100パーセント自分が悪い。

親やきょうだいや友だちや時代も運も関係なく、
すべての人は愛されているから、いま、生きている。

自分が受けてきた愛情や優しさ、
親切にされたことを当然だと思って、
感謝も恩返しもしないで、
自分の得だけ考えている人は、どんどん見放される。

最初はみんな優しくされる。
次の段階に入ると叱られたり、怒られたりする。
面と向かっていってくれる人の言葉を受け止めて、
そこで成長がはじまればいい。
多くの人はそこで変わる。
問題はそこでも変わらない人。
ほめてもダメ、優しくしてもダメ、叱っても怒ってもダメなら、
落ちるところまで自分で落ちて、
そこで気がついて努力をはじめるしかない。
自分で這い上がるしかない。

ほめられ続けるために、頑張っている人はたくさんいる。
叱られて怒られて、それを跳ね返すために頑張っている人もいる。
誰でも努力をして頑張っている。
学んでいるから評価もされている。
自分に甘えてなにもしなかったら、
救ってもらえなくなる。
救う価値がないと思われてしまう。
他人の厳しさのうしろにある優しさに敏感に。

人の良いところを20個
見つけるようにするといい

初対面の人の良いところを20個見つける。
初対面がいちばんいいけれど、古くから知っている人も含め、
すべての人の20個の良いところを探すように意識してみると、
人生はどんどん良い方向に変わっていく。

20個はかなり多くて難しい。
難しいから価値がある。
他人の好き嫌いをなくす。
これがもっとも大事なこと。
他人の良いところを見つける仕事だと思って、20個出し続ける。
それを続けると、他人がどんどんおもしろく見える。
他人に興味を示すと、不思議と相手もあなたに興味を示してくれる。

他人の良い部分を20個探してみる。
毎日続けてやってみる。
どんな人でも必ず良い部分がある。
毎日それを繰り返すことで、
自分が他人のどこを見ているかもわかる。
あらゆることの見方が変わる。

初めて会った人の良いところを20個見つけるようにするといい。

自分の個性を出すには順序がある

「自分らしく」生きて苦しんでいる人がいる。

個性を強く出そうとして、他人と共存できなくなっている残念な人がいる。

でも、やっぱり他人がいての自分。

他人がいるから自分がいる。

多くの人に支えられて生きているのに、

「個性だ」「自分らしさだ」と主張しても、

それでは排除されるだけ。

周囲に合わせる生き方ができるうえで、自分の個性を出すことは問題ない。

だから、順序が逆ではいけない。

自分の個性よりも、社会に合わせられる自分のつくり方が大事。

周囲に合わせられる個性を磨くほうが大事。

そのうえで、人と違う発想やアイデアが斬新な場合ならいい。

求められない、ほめられない、必要とされないでは、

生きる意味がなくなってしまう。

「生きるとは自分のためではない」ことを早く理解しよう。

人から求められるように、

居心地のいい生き方をもっとするといい。

目に見えないからといって、そこに人の心や愛がないわけではない

科学的に根拠がなくても、大事なことはたくさんある。
科学がすべてではない。
なんでも科学で証明できるわけでもなく、
そこにどんな意味があるのかを自分で考えることが大事。

たとえば占いで、「腕時計をすると運気が上がる日」とあるとする。
これを科学で証明しようとすると、
「腕時計をつけるとどれだけラッキーなことが起きるか」という
実験をすることになるだろう。

でも、腕時計をつけても、くじ引きや宝くじの当選確率は変わらない。
ここだけを取り上げて、「ラッキーアイテムはインチキだ」と
考える残念な人もいる。

なぜ、腕時計をするのか？
そこを考えよう。
腕時計をするということは、「今日は外に出ましょう」ということ。
外出することによって「出会いや体験や経験をするといい日」というのが、
「ラッキーアイテムは腕時計」の、真の意味。
それならそうと書けばいいのだけれど、
ただ「外に出るといい」というのは粋ではない。
考える力も身につけてほしいから、僕は占いで、「腕時計」と表現する。

むかしの雨ごいは、村中の人が集まって雨が降るように祈った。
きっと科学者には、「根拠はない」と一刀両断されるだろう。
でも、雨ごいをすることで村の人たちの結束力は強くなる。
苦しいから互いに助けるために集まる。
そこに意味がある。

目に見えないことにも意味があり、数字に出ないことにも意味がある。
すべてが科学で説明できるわけではない。
好きな気持ちや愛は、科学では見えないもの。
優しさ、親切、感謝の気持ちも科学では説明できない。
目に見えないからといって、そこに人の心や愛がないわけではない。

「千里の馬はつねにあれども、伯楽はつねにはあらず」

これは古くからのことわざで、

「1日に千里走る名馬はいるけれど、

その名馬の能力を引き出す人はいつもいるわけではない」

簡単にいうと、そんな意味。

世の中に優れた人はたくさんいるけれど、

その優れた人を見抜ける人は意外と少ない。

つまり、あなたにもし優れた能力があっても、

それを誰かが見つけて認めてくれる確率は低いということ。

では、どうすればいい?

人に会ってみればいい。

恥ずかしがり屋では、

いつまで経ってもあなたの能力に気づく人に出会えない。

だから、どんどん人に会うしかない。

どんな自分であればいい?

挨拶がきちんとできて、清潔感のある服装をする。

その場の空気を読んで、楽しい会話を心がける。

上下関係は守ったまま、ときには図々しくなってみる。

もちろん、会ってくれたことに感謝を忘れないようにする。

運とは、人と出会うことでもある。

あなたにとっての 「伯楽」 はすぐそこにいるかもしれない。

あなたにとっての「伯楽」は
すぐそこにいるかもしれない

言い方が悪いのではなく、受け止め方が悪い場合のほうが多い。

はっきり厳しくいう人がいる。
周囲の人がなかなかいえないことを、ズバッという人がいる。
「酷い」「傷ついた」という人がいるが、
そこにある相手の親切心を忘れている。
傷ついたのではなく、ドキッとしただけ。
きっかけを与えてくれた優しい人なだけ。

「伝え方が悪い」という人がいるが、
自分の感性が他人にわかるわけなどなく、
なかにはズバッといってほしい人もいる。
方言や地方の文化にもよるし、
年齢や世代によっても違う。
身勝手に「傷ついた」「ムカつく」という前に、
その言葉の意味はどういうことか、
いわれないように自分はどうすればいいのかを考えて。
実は周囲も同じようなことを思っているかもしれない。

基準がいつまでも自分だから、他人の表現にムッとする。
「なるほど、そういう表現を使うか〜」
「その言い方は雑だな〜」
そのくらい受け止めるほうも上手に受けないと。
伝え上手な人は少ないもの。
伝え下手がお互い様なら、上手に受け止めるといい。

伝え下手はお互い様

最初の一歩が
もっとも大事

どんなに才能があっても、
どんなに人柄が良くても、
どんなに運気が良くても、
スタートしなければ、意味はない。
最初の一歩がもっとも大事。
多くの人が、この最初の一歩を踏み出せないでいる。
夏休みの宿題を、最後の最後にギリギリで終わらせた人。
このタイプには、幸運はやってこない。
面倒なことを最後に追い込まれるまでやらない人は、運をどんどん逃す。

夏休みの宿題を先に終わらせる人、面倒なことを先に終える人は、
つねに心と行動に余裕が出てきて、幸運をどんどんつかむことができる。

まずはやること、一歩、前に進むこと。

「やろうか、やらないか。今日か、明日……」
モタモタしているうちに時間だけが過ぎ去ってしまう。
残業の時間になるとなぜか頑張る人。
このタイプには、幸運はやってこない。
「やればできるよ」
このタイプにも、幸運はやってこない。

やりはじめが早い人は、必ず幸運をつかむことができる。
「今日は運気がいい日だから一歩踏み出してみよう」
ただ、それだけでもいい。

行動すれば成功もするし、失敗もする。
でも、行動しない人は失敗しかしない。
行動した失敗には経験がつくから、それを次で活かせばいいだけ。

まずははじめること。最初の一歩を踏み出してみること。
これだけで人生はどんどん変わっていく。
幸運をつかみたいなら、まずはやりはじめることがとても大事。

1秒ずれたから会えた人もいる

1秒ずれただけで会えない人がいる。
1秒ずれたから会えた人もいる。

出会いや縁はおもしろい。
予定通りに進まないことにイライラしないで、
そのとき、その瞬間の風景や出会いをもっと楽しんだらいい。
スマホの画面はあとで見ればいいだけのこと。
まわりを見たら、その瞬間しか見ることができないものばかり。

素敵な出会いはどこにでもあるのだから、
それに気がつくのか、鈍感に見過ごすのか。
そこで、人生は大きく変わってくる。

1秒ずれただけで会えない人がいる。
1秒ずれたから会えた人もいる。

誰かのことを
「おもしろい」「おもしろくない」と判断する人は、
「楽しい」を他人まかせにしている人。
それでは、人生は楽しくならない。

すべての人を
「楽しい」と思えるように生きてみる。
「楽しい」を自分で見つけてみる。
「楽しい」を自分でつくってみる。
誰かに楽しませてもらおうと思わずに、
相手を楽しませられる人になってみる。

人って、みんなおもしろい。
興味を持ってみると、みんなおもしろい。
考え方も違うし生き方も全然違う。
だから、つまらないわけがない。
相手を尊敬して興味を持てば、
誰でもおもしろい人に見えてくる。

「楽しい」を他人まかせにしない

本人のいないところで、
その人をほめられる人は素敵

他人をけなしたり、他人の粗を探したり、
他人の欠点を見つけることは、とても簡単で。

他人の良い部分、他人の素敵なところ、
他人の見習うべきところを見つけるほうが難しい。
難しいから価値があり、
難しいことができると他人から喜ばれて、
自分の評価も上がる。

本人のいないところで、
その人をほめられる人は素敵で。
そんな人はあなたのことも、どこかでほめてくれる可能性がある。

愚痴や不満をいいたいときは、
それ以上の解決策や前向きな話ができるならいい。
その覚悟があるときだけいえばいい。

運のいい人は、必ず他人を認めて、
他人の才能に気がつき、他人をほめる。
他人をほめて、ほめられる人になれば、運は味方する。

恥ずかしい思いをわざとすると人は強くなれる。

自信がないなら恥をかきなさい。

強くなりたいなら恥をかくといい。

自分を知りたければ恥をかきなさい。

プライドを捨てたければ恥をかくといい。

「恥ずかしい」は、人を大きく成長させるから。

恥ずかしい思いをしないように、恥ずかしく生きないようにする人が多い。

でも、恥ずかしい思いをしない人は魅力がない。

恥ずかしい思いに慣れている人は強い。

「恥ずかしい」に勝てないと、本当の自分は出てこない。

恥ずかしい思いをどんどんする。不思議とこれが慣れるもの。

最初はやっぱり恥ずかしい。

でも、それはただ単に恥ずかしいだけだから。

どうして恥ずかしいだけで、臆病になったり、ひるんだりするのか。

なら、恥を忍んで聞けばいい。

そう思って恥をどんどんかいてみるといい。

不思議と強くなり、不思議と魅力的にもなる。

恥ずかしいに慣れる。

恥ずかしいを超えた先が大事。

恥ずかしいを恥ずかしいままにしないで、

恥ずかしいを超えて強く生きてみるといい。

「恥ずかしい」の先に、幸運は必ずある。

たくさん恥を
かいてみる

最高に素敵な出会い
いまの出会いが

いまの出会いが最高に素敵な出会い。

「いまの出会いが最高です」
そうやって言葉に出せば、
それ以上に素敵な人が現れるようになっている。

出会いに感謝せず、
出会った人の文句ばかりいう。
そんな人にあなたは、
知り合いを紹介しますか?
大切な友人を紹介しますか?
素敵な人を紹介しますか?

若いころはみんなわからないことだけど、
恋人の文句や愚痴をいっても、
いい出会いにはつながらない。

もっと素敵な出会いがほしいと思うなら──
「いまの出会いが最高です」
そこからはじめてみるといい。

「気楽に考える力」がとても大事

どんなことにも、
良い面と悪い面がある。
完全に良いということはなく、
完全に悪いということもない。
必ず良いところがあり、
悪いところがあるということ。

要は、「どう考えるか?」という己の問題だけ。
これが理解できると、人生がおもしろくなる。
「これ、すごく良い」と思っても、
「待てよ、ここの面は悪いな」となり、
「これは最悪だ!」と思っても、
「待てよ、こう考えるとここは良いな」となるもの。

結果的に、それが良いのか悪いのかなど、
長く生きてみなければわからないことで。
瞬間の良し悪しだけで判断し過ぎると、
見えなくなることがある。

なにごとも、つねに良い面と悪い面がある。
ただそれだけのことだと思えば、
人生を気楽に考えられる。

「気楽に考える力」が
とても大事だったりする。

自分の好きなことで
周囲や他人から感謝される
生き方が、いちばん幸せ

自分の好きなことを見つけて。

自分の好きなことで、

周囲や他人から感謝される生き方が、いちばん幸せ。

「楽しい」と素直に思えることを続ければいい。

自分もまわりも楽しくなることを続けると、

そこに感謝が生まれるもの。

楽と楽しいは全然違う。

楽は等苦（らく）。等しく苦労する。

楽をするよりは正しく生きる。

正しく生きるよりも楽しく生きるほうがさらにいい。

正しく楽しいを極めると、極楽になる。

自分の好きなことを見つければ、

誰でも一生懸命になれる。

一生懸命は楽しくて、苦労を感じなくなる。

自分の好きなことを楽しんで、

自分も周囲も楽しませてみるといい。

楽しいことを口に出して

幸運は日々、
「楽しいな」「嬉しいな」
「おもしろいな」「幸せだな」
「幸運だな」と言い続けた
人のもとに訪れる。

「難しい」「楽しくない」
「おもしろくない」「つまらない」
「不幸だ」「幸せにならない」
そういうから、そう思うから
不幸になっていくだけ。
そもそも
幸せになろうとしていない人が
幸せにならないだけ。

現実を受け止めて、
あたりまえのことを
やるだけでいい。
明るくしている人は明るくなれる。
楽しそうにしていると楽しくなる。
日々続ける。
続けるから自然と
そうなっていく。

今日はおもしろかった。
あれはおもしろい。
これは楽しい。
これができた。
これが良かった。
一日ひとつでもいいから、
楽しいことを口に出して、
笑顔で楽しくしていればいい。

お金のことばかり考えて
視野が狭くならぬように

お金ばかりに目がいくと心がぶれてしまう。

お金だけを見ていると目の前が曇ってくる。

お金は手段であって目的ではない。

お金は自分の時間を効率的に使うための道具でしかない。

お金には感謝をするだけでいい。

多くのお金持ちは、好きなこと、得意なことを続けていたら、

お金が手に入っただけ。

自分が勉強したこと、得意なこと、好きなことで、

どれだけたくさんの人を幸せにできるか。

どれだけ社会貢献できるか。

他人に求められるよう、他人の役に立てるように生きること。

そうすることで、結果としてお金持ちになっている人が多い。

もっとそこに目を向けるといい。

お金があるからいいのではなく、

それまでの努力や培ってきたことが大切。

お金がないくらいで、ひがんではいけない。

お金がないなら、ないなりに楽しく生きればいい。

義理と人情を大切に、恩を忘れぬように生き、

優しくしてくれた人を裏切らない。

お金が目的になるぐらいなら、そんな生き方のほうがいい。

偽善者でいい。
偽善だと理解できる人は、
罪の償い方やどうすることが善なのかが
理解できているから。
それはとても心優しいことで、
それはとても良い生き方。
問題は、自分が善人だからと、
他人を傷つけてもなにも思わなかったり、
「自分は正義だ」といって、
他人に迷惑をかけても
なにも思わなかったりする人で。

善人だと思い込んだ悪人はいちばんタチが悪いし、
自分で善人だと思った人は成長しない。
偽善でいるほうがつねに注意して生きられる。
善人は改善をしなくなる。
生きている限り、
なんらかの罪を犯しているのが人間で。
すべての人は善人ではない。
自分は善人で、自分が正しいと思ってはいけない。
その生き方がいちばん問題で危険なこと。
すべての人が偽善者でいい。
己は善人だと思って生きている人は、
偽善者に劣っているもの。

偽善者でいい

叱られることや
怒られることの大切さを、
謙虚な気持ちを忘れない

怒られ上手になったほうがいい。

怒られないように生きることと、怒られ上手は違う。

つまらない言い訳をして、怒る気を失わせて回避する人がいる。

でもそれは、自分に戻ってくる。

叱られないで、怒られないでいいわけがない。

若いときは、叱られて怒られて当然で。

仕事をするということは、お金をもらいながら叱られて怒られて学ぶこと。

仕事をするということを勘違いしている人がいる。

社会に出ても、学生のころのテンションで生きていると必ず痛い目に遭う。

叱られてもいいし、怒られてもいい。

誰もが未熟で、知らないことがあるから。

問題は、「教わる気」があるかどうか。

教えてもらう立場の人間が、「でも」「だって」と言い訳をすべきではない。

だって、教えてもらう立場だから。

己に謙虚な気持ちがないから成長しない。

成長できないから、足手まといになる。

だから、さらに立場が悪くなる。

社会は、態度が悪かろうが多少のルールを破ろうが、

「仕事ができる人」が強い権力を持ち、そこにお金も人も集まってくる。
「教えてもらう立場」とはどんな立場なのか、学ぶ気持ちが本気であるのか。

つまらないプライドを持ってはいけない。
「自分はまだまだなんだ」「いたらない部分があってあたりまえ」
そう思って、教えてもらえることへ感謝しないといけない。

怒られたら、同じことで怒られないようにする生き方が大切。
叱られることや怒られることの大切さを、謙虚な気持ちを忘れない。

すべての人に
価値がある

すべての人は尊い存在。
すべての人は儚い存在。
すべての人はおもしろい存在。

すべての人に価値がある。

どんな人生を送ったら、
そんな言葉が出てくるのだろう？
どんな人生を送ったら、
そんな雰囲気が出せるのだろう？

どんな人生もオリジナルなもので、
どんな人生もその人だけのもの。
あなたと同じ道をたどる人はいなくて、
すべての人のたどる道はまったく違う。
だから人生はおもしろい。

どんな人生を送ったら、
人のために生きられるだろう？
どんな人生を送ったら、
自分を肯定できるだろう？
どんな人生を送ったら、
他人を肯定できるだろう？
どんな人生を送ったら、
すべての人を祝福できるだろう？

すべての人に価値がある。

世の中、変な人ばかり

威圧的な人、偉そうな人、モラハラをする人、面倒な人……。
そんな人たちを「苦手だな、嫌だな」と思う前に、
「この人、変な人だな」と思えばいいだけ。
好きとか嫌いとか気持ちを揺さぶられる前に、
「この人、変な人だな」と思えばいいだけ。

人はいつも絶好調で、ご機嫌で生きてはいない。
人にはいろいろな事情があって、ご機嫌斜めなときがある。
でも、いちいち反応しないで、「変な人だな」と思えばいいだけ。
そう思うだけで、人間関係がうまくいくから。
そして、些細なことでいちいちへコんだり
やる気を失ったりする自分を、「変な人だな」と思えばいい。

「あなたもわたしも変な人」
心のなかでクスッと笑っておくといい。

世の中、変な人ばかり。

変をもっと楽しんで、変な人に振り回される変な人でいることを楽しんで。

いつまで経っても振り回されている。

僕は、いまだにいろいろなことで振り回されている。

いろいろな人に振り回されて、ぐるぐる、ぐるぐると回っている。

「人生はこんなものだな」と40歳を過ぎたくらいから理解した。

振り回されているくらいがちょうどいい。

楽しく振り回されればいいだけ。

自分の思い通りにしようとするよりも、ぐるぐる回っているほうが

遊園地のアトラクションみたいで楽しいから。

ぐるぐる回って、結局、また同じ場所。

前に進むこともなく、また振り回される。

だから、上手に振り回されるといい。

もっと上手に振り回される方法を編み出してみるといい。

振り回されているようでも、自ら振り回されているのなら、

それはもう遊びだから。

人生は遊び、仕事も遊び、

死ぬまで遊び。

だから、振り回されてもいい。

どんな人も振り回されている。

ぐるぐる、ぐるぐると回っている。

楽しく振り回されればいい。

5

MAY

人生は遊園地

人生は遊園地と同じで、

入園しても、ボーッと突っ立っているだけじゃ楽しくない。

自ら興味のある乗りものに歩いていって、

1時間でも2時間でも並んで、2、3分楽しむ。

その時間を一緒に待てる友人や仲間、

恋人や家族がいれば、苦痛も和らぐ。

グルグル回るメリーゴーラウンドは、

子どものころは楽しいけれど、大人になるとつまらないものになる。

でも、子どもができて家族で乗るとまた楽しくなる。

楽しみ方が変わるだけ。

人生は遊園地と同じ──。

自分のアイデアひとつ、自分の生き方ひとつで、とても楽しくなる。

楽しもうとしなければ、誰も楽しくしてくれない。

問題は、己が動けるかどうかだけ。

アトラクションにも当たり外れがある。

動き回れば、パレードを見られるかもしれない。

食事用の席には先に座られているかもしれない。

情報をどうやって集めて、どう楽しむのか。

情報を集めるためには協力も必要になる。

情報を教えてもらえるような生き方をしなければならない。

「人生は遊園地と同じだ」と思えば、

過ごし方も楽しみ方も変わってくる。

まずは相手を大切にしてみる

誰かに大切にされたいのなら、
まずは相手を大切にしてみる。
大切に思う気持ちがある人は大切にされる。
人生はそうできている。

誰かを大切に思っても、
気持ちが届かないことだってある。
そんなときは相手の気持ちの変化を待って、
そっと距離を置いてみる。
気持ちが届かないからといって、
その気持ちをなくしてしまうのは
やっぱりもったいない。

人を大切にして、
自分を大切にしてくれる人を大切にする。
そんな素敵な生き方をしていると、
あなたを大切にしてくれる人がもっと現れる。
人生はそうできている。

素敵な人には素敵な人が集まって、
愛がある人には愛がある人が集まってくる。

どうしても気持ちが届かないときは、
それすら変えるくらいに自分が輝けばいい。

バカにされる生き方が
もっとも幸せになれる

人は、他人がやったバカなことを深く記憶する。

他人のやったバカを笑いながら、

自分も同じような失敗やミス、バカなことを避けようと記憶する。

バカなほうがモテたりする。

バカだから好かれるのではなく、バカだから記憶される。

恋や結婚がうまくいかない人の多くは、

ただ真面目なだけで、バカなことをしない。

そのうえ、他人をバカにする側のほうで、

バカになることを避け過ぎている。

バカにする側の人は他人から記憶されない。

バカにした人をどんどん覚えるだけ。

上手にバカになる。

上手にバカにされる。

計算された、愛されるバカにならなければいけない。

「バカ」は仕事でも恋でも活かせて、

バカにされる生き方がもっとも幸せになる。

バカにされたくない生き方がもっとも愚か。

愛されるバカになれば、魅力的に生きられる。

「あたりまえ」が
違って
「あたりまえ」

人それぞれ、
「あたりまえ」だと思っていることは違う。
育ちも違えば、価値観だって違う。
「あたりまえ」は十人十色。

「あたりまえ」が違うのは「あたりまえ」で。
だから、
自分基準はやめる。
自分基準は変える。
現状維持では運気の流れに乗れないから。

「あたりまえ」のレベルが上がると、
人の見方も変わってくる。
とても魅力的だと思っていたのに、
うわべばかりの人もいる。
虹のように素敵だと思っていたのに、
近づいたら中身がない人もいる。

存在感がないと思っていたのに、
まるで昼間の月のように
優しく照らしてくれる人もいる。

自分以外の「あたりまえ」をじっくり観察して、
自分の「あたりまえ」のレベルを上げると、
幸運が舞い込んでくる。

失敗したら、そこからスタートするだけのこと

失敗するということは、
なにかに挑戦しているだけ。
失敗しないということは、
なんにも挑戦していない証拠。
若いときに失敗が多いのはあたりまえで、
経験が少なければ失敗だってするのだから、
若い人の失敗を笑ってはいけない。

失敗を恐れるのは、他人の目があるから。
無人島でひとり生きていくとしたら、
「失敗すると恥ずかしい」とあなたは思うのか?
そこでどうやって生きていこうかと、
たくさんの知恵を絞り出して挑戦するはず。

失敗しても関係ない。
失敗したら、そこからスタートするだけのこと。
取り返しのつかない失敗もあるけれど、
その経験からなにを学んでどうするのか。

前に進むしかないから。

なにかに挑戦するから、どこかで失敗する。
次にその失敗を繰り返さないように、
その失敗をどうやって活かせばいいのか、
その経験からどう前に進むかだけが重要で。
失敗することはとても大事で、
失敗したほうがいい。

失敗を恥ずかしいと思わないように。
他人の失敗を見たら、「すごいな」と思えばいい。
失敗はすべてのスタートでしかない。

まだまだやれることが
いっぱいあるだけ

不運としっかり向き合うことが大事。
自分がなぜいま不運を感じているのか。
なにが足りなくて、なにが必要で、どうすることがいいのか。
多くの人は、本当はわかっているのに、避けてしまう。
とても努力が必要で、とても時間がかかるからあきらめてしまう。

小さな不運や苦労を楽しんで、
困難を乗り切れば、経験となり、人は成長できるもの。
壁にぶつかったときほど、
「成長するタイミングがきた！」
「これを乗り切ったらすごく力がつく！」と、
ワクワクするくらい楽しんで、先にお祝いをするくらいのほうがいい。
「苦手なことがきたから乾杯！」と、祝杯をあげるくらいでいい。

挫折や失敗はして当然で、それを恥じることなんてない。
それを笑う人はその程度の人。

不運や苦労は困難ではなく、
まだまだやれることがいっぱいあるだけ。
いっぱいあると思ったら、
祝杯の「一杯」で祝って、
しっかり受け止めるといい。

あなたには、
笑顔にしたい人がいますか？

僕の占いでは、
「運気がいいから幸せになる」とは伝えていない。
「運気が悪いから不幸になる」とも伝えていない。
運気と幸せはイコールの関係ではないから。

幸せとはなにか？
人から感謝されない生き方をしていたら、
いつまでも不幸なままで、
幸せを得ることはできない。

あなたには、
笑顔にしたい人がいますか？

家族でも、友人でも、恋人でも、
すでに亡くなってしまった大切な人でもいい。
笑顔にしたい人を思い浮かべて、
どんな行動を取ればその人が笑顔になるのかを想像する——
それこそが、あなたの幸せにつながる行動。

笑顔にしたい人を笑顔にできているなら、
あなたはすでに幸せ。

他の人の為に働いている人は、本当はいない

「人」の「為」と書いて「偽り」。
人の為になにかするということは、偽ること。
偽りを悪いことのように受け取る人がいるが、
偽るとは、良いことなのではないかと思う。

まずは己の為でいい。
自分の為に一生懸命になることで、
幸せがなにか見えてくる。
これが嬉しい、これが楽しい。
人生の喜びを知って、
それを他人の為にできるといい。
それがとても大切なことだから。
偽れるくらい頑張ってみるといい。
人の為になれるくらい努力してみるといい。

なにができてなにができないのか、
まずは見分けるためにも、
己の為にしっかり生きたほうがいい。
あたりまえのことをあたりまえにして、
自立して前に進んでみるといい。

自分が正しいと思うなら、
相手も正しいと思わないと

それぞれの生き方や考え方に、

文句や反論、多少の違いがあるのはあたりまえで。

人間、それぞれの価値観を持っているもの。

自分の思いと違うからといって、他人を責めても変わらない。

争いごとをしかけたり、

自分の不機嫌を相手に伝えたりしても仕方がない。

本当に変えたいなら、逆にそのなかに入っていく。

仲良くしながら、そこを変えようとしたほうがいい。

そうすると、なぜ自分の考えや思いと違うのか、

相手の立場に立って、はじめてわかることがある。

自分が正しいと思うなら、相手も正しいと思わないと。

互いに正しいわけでもなく、間違っているわけでもなく。

冷静に考えれば、

考え方を少し変えれば、

相手の立場に立ってみれば、

それは仕方がないことだったりするもの。

反論や文句をいう前に、

本当はあたりまえだったりすることが多いことを、

覚えておくといい。

不運や不幸から学ぶ

幸運や幸福から学び

運気がいい日に一歩も家から出ないままでいたら、
いいことだって起きない。
ゴロゴロ寝ていられたことがラッキー、で終了。
逆に、運気が悪いときに家にいれば
悪いことは起きないかというと、そうでもない。
ゴロゴロしていて体調を崩すかもしれないし、
ものが壊れるかもしれないし、
機械の操作ミスをするかもしれない。
家のなかでも不運なことはいくらでも起きる。

運気が悪いときは慎重に行動するといい。
運が裏目に出るときは、
自分の弱点、欠点、サボったところ、
なまけてしまった部分が表に出てくる。
慎重に行動しながらもなにが起きるのか、
覚悟を持って腹をくくって立ち向かう。

人生は経験が大事で。
幸運や幸福から学んで、
不運や不幸から学んで、
どちらも大事で、
一方だけでは大きく成長できない。

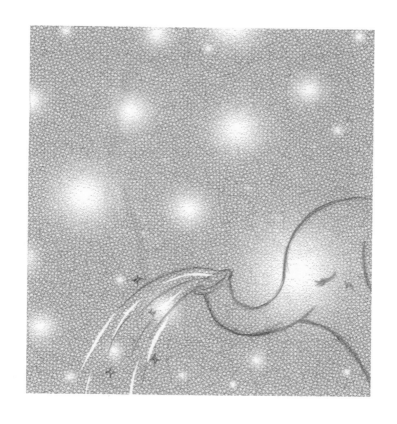

失敗や挫折があるから人は大きくなれる。
結果ばかりがすべてではない。
行動して学ぶ——。
運気がいいときは勘を信じて、
積極的に行動すればいい。
運気が悪いときは勘を信じないで、
慎重に行動すればいいだけ。

ほめてくれる人に感謝する

ほめられることで安心する、残念な人がいる。
ほめられるということは、できていなかったということ。
できないと思われていたことができたから、ほめられている。
「ほめられて伸びるタイプです」はとても愚かで、
「伸びたらほめられるのでまた頑張ります」が本当で、
ほめられてから、成長や伸びがあるわけではない。

己がほめられることをどれだけやっているか。
成長や伸びを見せなければ、誰もほめてくれない。
そんなあたりまえなことを、ときどきわかっていない人がいる。
説教や小言、叱られたことを心に刻んで、
忘れないようにする人のほうが成長する。
ほめられたらその場で大喜びをして、
もっとほめられるように頑張る、
叱ってもらったことを心に刻んで、
同じ失敗を繰り返さないように成長を続ける、
その両方が必要。
ほめられなくなるように、
ほめられないことがあたりまえになるように、
努力と成長を続けないといけない。

ほめられて終えてはいけない。
ほめられたら、もっとほめられるように頑張ること。
ほめてくれる人に感謝して、
成長や伸びを見せるようにするといい。

どんなことでも肯定してみる。
100パーセント肯定する生き方をしてみる。
わざわざ言葉に出さなくてもいいから、
心のなかで肯定してみる。

相手の個性を認める——。
相手の生き方を認める——。
相手の考え方を認める——。

目に入るものすべてを、
心のなかで肯定してみる。

相手を認めて肯定すれば、
あなたも認められて肯定される。
とても不思議なことに、
肯定的な人には肯定的な人が集まってくる。

どんなことでも肯定してみる。

どんなことでも肯定してみる

197

人生に悩んだら、
好奇心に火をつけるといい

文句をいうのに考える力がない。
不満をいうのに考える力がない。
自分の感情を言葉にすることができるのに、どこか考える力がない。
そんな人は、実はとても多いもの。

文句や不満をいう前に、なんでも教えてもらおうと思う前に、
「これはどういうこと?」「その言葉の意味は?」「これはなにを伝えたいの?」
そうやって、ものごとを深く考える力を身につけなければいけない。

頭を使って限界まで考える。
いろいろな角度で考えて、相手の立場や違う状況からも考えてみる。
人は、悩み、心配し、不安にだってなる。
でも、余計なことを考えることと、
ものごとを真剣に考えることはまったく違うもの。

「悩んでいる=考えている」
「心配になる=考えている」
「不安に思う=考えている」ではない。

現状把握をして、未来をどうしていくのか？
いまどうすることが最善になるのかを考えることが、
「考える」ことだから。
先の先まで読んで、
このままだとどうなるのか想像することが「考える」こと。
なにを努力して、なにを学ぶべきなのかを見つけることが「考える」こと。

そして大事なのが、好奇心。
好奇心があると日々がおもしろくて楽しいものになる。
知ることが楽しくなる、知るからさらに知ることがおもしろくなって、
どんどんいろいろなことを知りたくなる。

人生に悩んだら、好奇心に火をつけるといい。
もっと考えるために、好奇心に火をつけるといい。

あたりまえなことに
感謝を忘れない

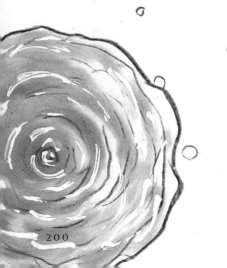

家庭での苦労はなかなか評価されない。
ごはんをつくってあたりまえ、
掃除をしてあたりまえ、
子どもの面倒を見てあたりまえ。
そう思われてしまうから。

でも、あたりまえなことほど感謝が必要で、

あたりまえだから

感謝を忘れてはいけない。

お母さんのやっていることに感謝を忘れる人が多い。

あたりまえだから。

でも、そう思ったら感謝しなければならない。

あたりまえと感じたら感謝すること、

当然だと思ったら感謝すること。

これを、絶対に忘れてはいけない。

それは、自然界でもいえること。

空気がある、太陽がある、水がある。

あらゆるもののおかげで我々は生きている。

感謝を忘れるから、感謝がないから、感謝が足りないから、

不運や不幸を勝手につくる人もいる。

ひとりの力などちっぽけなもので、

他人がいるから幸せになれるもので。

幸せは他人のおかげだと気がつけば、

もっと他人に感謝ができて、

他人のために生きることができる。

それは、結果的に

自分にも家族にもつながるもの。

家族への感謝を忘れないように。

自信を持って堂々と歩くといい

街を歩くとき、自信を持って堂々とシャキシャキ歩くといい。
運が味方してくれるから。
下を向いて猫背でダラダラと歩く人に、
幸運はやってこない。

一流モデルになったつもりで背筋を伸ばして、
頭のてっぺんから糸で引っ張られているイメージで歩くといい。
サッサと機敏に歩くといい。
これだけで運気が自然と良くなるから。

効果が感じられない人は、スキップしてみるといい。
スキップはおもしろいもので、
ネガティブなことを考えながらだとなんだか難しい。

人間は楽しいときにスキップしたくなるから、
スキップすると自然と気持ちも昂ってくる。
笑顔で爽快にスキップするといい。

自信を持って堂々とシャキシャキ歩いて、
それでも足りない場合は笑顔でスキップする。
そうすれば、きっと運気は上がってくる。
素直になって、いますぐにやってみるといい。

言葉に出せば、
すべて他人に伝わると思っている人がいる。
自分で自分の声は聞こえても、
それで他人が理解できているとは限らない。
話せば伝わるわけではない——。

これがわからないと、
無駄な不運に巻き込まれる。
「聞いていないほうが悪い！」と思う前に、
「伝わっているのかな？」と、
もっと自分の言葉を疑ったほうがいい。
表現が悪ければ伝わらないこともある。
もっと丁寧に、
伝えようとする気持ちで言葉を発しないと、
伝わるものも伝わらない。

不思議なもので、下手なしゃべりでも、
伝えようとすると伝わるもの。
ただしゃべっているよりも伝わるもの。
「話す」と「伝える」は
大きく違う。

「話す」と「伝える」は大きく違う

どんな仕事ができるかよりも、
頼まれやすい人、
求められやすい人になるといい

雑用や基本的なことから逃げてしまうと、
一生、雑用の仕事をすることになる。
雑用をまかせられない人は
なにもできなくなる。

「自分のところに面倒な仕事がくる」と苦しむよりも、
自分は頼られているんだと、
自分は選ばれた人なんだと、
自分は求められる人なんだと
思えることが大切で。
そんな大切なことを、
仕事を失うまで、多くの人は気がつかない。

どんな仕事ができるかよりも、
いろいろなことをまかせられる人、
頼りになる人、
気楽に仕事を頼める人になれるといい。

みんなの「楽しい」を 考える人に、 運は味方する

自分だけの「楽しい」は継続しないもの。

自分と相手──相手と自分を
もっとたくさん楽しませて、
笑顔にしてみる。
そんな人が楽しく生きていける。

自分だけの「楽しい」は継続しないもの。

一瞬は楽しめたとしても、継続は難しい。
相手と一緒に笑顔になる方法を考えている人が、
幸せになっていく。

自分と相手──相手と自分と──さらにそのまわりの人。
自分がどんなに苦しいときでも、
みんなの「楽しい」を考える人に、
運は味方する。

ときには道を逸れてみるといい

ただがむしゃらに、ただ闇雲にやればいいわけではない。
手段、手順、勝ち方、成功方法は必ずあるのだから。
まず、間違った人から教わることをやめよう。
いい方法を本当に知っている人から学び、
吸収し、技を盗み、真似をするほうがいい。

うまくいかない場合は、その「道」が間違っているかもしれない。
ならば、その道から逸れてみることも大事。
ただ、逸れるには勇気と度胸と覚悟が必要。
中途半端な覚悟で突き進むから、
中途半端な手助けしかやってこない。
でも、覚悟を決めて突き進めば、
周囲もその覚悟に協力してくれる。
逸れてみることで見える風景があって、
そこでしか体験できないことがたくさんある。

ダメだったらそれはすべて自分の責任。
そのときは、自分の能力や才能や努力を、
しっかり受け止めて前に進むといい。

人生はいちどきりだからこそ挑戦する。
ときには道を逸れてでも
やってみたいことをするのもいい。
道を逸れれば逸れるほど、
常識、挨拶、マナー、ルール、人間性がより大事になる。
そうしなければ、生きられないことも見えてくる。

ときには道を逸れてみるといい。
その勇気と度胸と覚悟が、
役に立つときが必ずくるから。

あなたは「あなた」をもっとほめて、
もっとコントロールしてみるといい

自分へ──。
「あなたは大丈夫」「あなたはできる子」
「あなたは頑張れる」「あなたは勇気がある」
「あなたには善意がある」「あなたは優しい」
自分に対して「あなたは」と、
プラスなことを、ポジティブな言葉を、
夢や希望を投げかけ続けると、
運の流れは変わってくる。

「自分」と「己」をわける。
つねにもうひとりの自分に、「あなたは」と投げかける。
「心と頭脳」を客観的に見るようにしてみるといい。
ときには、「あなたはこんなことをしてはダメ!」
と叱ることが必要な場合もある。
でも基本的には、
「あなたはネガティブなことを思わない」
「あなたはマイナスなことは気にしない」
そう投げかけてみるといい。
あなたは「あなた」をもっとほめて、
もっとコントロールしてみるといい。

「無理」「難しい」「つらい」「苦しい」と思ったときこそ、
「あなたなら大丈夫」そう投げかけてみる。
そうすると、良い流れに変わるもの。
日々それを繰り返せば、幸運をつかめるもの。

妥協したことを楽しむ

「妥協を許さない」人生は苦しい。
「妥協しちゃった……」と思っても、妥協したことを楽しんでみる。
妥協したから見ることができる世界を、
妥協するからできる経験を──、
楽しんでみるといい。

どんな状況でもどんなときでも、楽しめることが重要だから。
「妥協が悪い」と思い込んでいると、ずっと妥協できなくなる。
妥協するから存在する幸せがある。
それを、見つければいい。

プライドや自分自身への過大評価は、
人生をつまらなくしている原因なだけ。
妥協して、
「人生ってこんなものか」
で終えてはいけない。
「妥協したから幸せになっちゃった」
そういえるくらいの生き方がいい。

妥協が悪いのではなく、
そこに良いところを見つけてみればいい。

つまらない人生
なんてないから

つまらない人生なんてないし、
自分の発想力がないだけで、
簡単につまらないなんて
思ってはいけない。

「つまらないな」
そう思ったら、
発想を変えて、
視点を変えたらおもしろい。

「つまらない」と思うのは、
自分がつまらない人に
なっているから。

つまらない人生なんてないから。
つまらないと思わなければ、
人生は楽しくなる。

ただの「好き」では
続かない

「好き」で恋愛してもいいけれど、
ただの「好き」では続かない。
好きは、程度が低いものだから。
その先にある、愛にならなければならない。

人を愛するとは、相手の嫌な部分やダメなところを許せること。
しっかり受け止めることができるのが愛で、
そこに自分自身の成長がなければ、
「好き」だけで終わってしまう。

外見から入っても、それはそれでいい。
でも、外見の良さなんて、
数日間一緒にいれば「普通」に変わるもの。
「好き」が「普通」になれば、あとは冷めるだけ……。
「好き」ではじまった恋愛も、老いには勝てない。
老いて好みではなくなるだけ……。
それでも一緒にいられることが
愛だと想像することが大事。

「好き」ではじまったら、
「好き」でなくなったときに終わるけれど、
「愛せる」と思ってはじまったら、
愛し続けることができる。

もっと愛を大切にしよう。
「好き」はまだまだ。
愛せるように、
愛されるように生きよう。

ない才能を無理に出そうとしても出ないから、
そのままのほうが自分らしくていい。
大切なことは自分を受け入れ、自分を許すこと。
他人を受け入れ、他人を許すこと。

誰でもコンプレックスは持っている。
もっと身長があれば、もっとかわいければ、もっと頭が良ければ、
学歴があれば、才能があれば、お金があれば……。
「あれば……」を考えているとキリがない。
現実の自分を受け入れないで、
ないものねだりをすると、どんどん苦しくなる。
己を不運にしているのは自分自身の場合が多い。

他人の責任にしてもみっともないだけ。
他人の責任にするほど恥ずかしい生き方はない。
自分を受け入れられないという自信のなさが
結果的に不幸を招いているなら、
開き直ったほうがいい。
「自分はこれしかできない」と、
それ以外のことに
白旗を掲げてしまえば楽になる。
完璧な人はいないから。

他人の責任にしても
みっともないだけ

場数を踏めば強くなる

場数を踏んでいないから緊張する。
場数を踏んでいないから上手にできない。
場数を踏んでいないから不運に感じる。

多くは、「慣れ」が解決する。
悲しいことやつらいことは誰にでもある。
それを避ける手段はない。
人生はつらい、生きるとは苦しいと考えるよりも、
すべての出来事は経験であると考える。
だから、場数を踏めば強くなる。
単純に場数が足りないと、
つらく悲しく感じてしまうことがある。

嫌なことが起きても、「場数を踏まないと!」
そう受け入れることが大事で。
嫌なことが起きても、「場数を踏むときだ!」
強い気持ちを持つことが大事で。

人はいろいろな経験をする。
すべての経験は、あなただけの経験。
「場数を踏んでいる」と思って、
自分の世界をもっと楽しんでみるといい。

人をやる気にさせられる人に
運はやってくる

人をやる気にさせられる人に運はやってくる。

職場だって家庭だってどこだって、
不機嫌な人がひとりいるだけで、みんなのやる気はなくなっていく。
「課長の機嫌が悪いから今日は余計な報告は避けよう……」
「夫の機嫌が悪いからこのまま話さずに寝ちゃおっと……」
機嫌が悪いと、人と人との接触が生まれなくなる。
コミュニケーションがうまく取れないのは、
誰かが「ご機嫌ではない」のが理由。

ご機嫌な人には、誰でも話しかけやすい。
会話が盛り上がっていいアイデアが生まれたり、
気持ちが楽になったり、やる気になれたりすることもある。
だから、みんながご機嫌でいたほうがいい。

人をやる気にさせるのはとても大事なこと。
占いだってそう。
「今日は運気がいいから頑張ろう！」
人をやる気にさせることは、占いの大きな役割のひとつでもある。
好きなアーティストの音楽を聴いて、「頑張ろう！」。
お芝居からパワーを感じて、「頑張ろう！」。

やる気になるのはとても大事なこと。
でも、もっと大事なのは、人をやる気にさせること。

人をやる気にさせられる人に運はやってくる。

優しさを優しさで
つないでみるといい

すべての人は優しくされている。
いつも優しさに包まれて生きている。

優しさにもっと敏感に生きるといい。
優しさに鈍感に生きるから不満が溜まる。
優しさを受けていると気づいたら、
誰かに優しくすればいい。

優しさを優しさでつないでみるといい。

優しさに甘えてばかりいると、人生はどこか厳しくなっていく。
いつまでも他人に甘えていてはいけない。
周囲の優しさを無視して自分の都合ばかり考えて、
自分さえ良ければいいと思っているから優しくされなくなってしまう。

すべてが優しい。
どんな人も優しくされて生きている。
それを、もっと素直に喜んで、それを、もっと素直に楽しんでみる
といい。
もっともっと、優しさに感謝してみるといい。

優しさを優しさでつないでみるといい。

「面倒だな」と思ったら
「先に済ます」

結果的に
やらなくてはならないとわかることは、
早めに終わらせておくほうがいい。
後回しにすると、自分が苦しくなる。
追い込まれて、焦ってミスが増える。
先にやれば、評価されたり、
すごいと思われたりすることもある。

ものごとには順番がある。
「面倒だな」と思ったら「先に済ます」。
このくせをつけるだけで、
人生は簡単に良い方向に変わっていくもの。

「苦手だな」「嫌だな」「面倒だな」
そう感じたら、
「いますぐやれ！」
ということだと思って日々を過ごすと、
運気の流れは簡単に変わるもの。

3回以上
「また、会いたいな」と
思わせられる人になること

初めの出会いは大切で、
「また会いたいな」と思わせられるようにするといい。
二度目に会うときはもっと大切で、
一度目の印象以上でなければ、
「思い違いだった」「勘違いだった」と思わせてしまう。
一度目よりも二度目は
もっと楽しませたり魅力を見せたり、
変化も見せながら、でも安心感も必要。
三度目に会うときは、もうなじんできている。
二度目を超える必要はないけれど、
一度目以下にならないように。
それくらいでいい。
人は三度会おうとする人のことを
好意的に思っている。

大切なのは一度目と二度目。
一度目が良過ぎると
二度目にがっかりすることがある。

最初が良過ぎて続かない場合がある。

もう一度会うときには成長が必要。

少しでも変わっていれば、

人は次の期待をするもの。

変わらぬままでいいこともあるけれど、

経験や話、外見、なんでもいい。

次に期待できるなにかが必要。

3回以上「また、会いたいな」と

思わせられる人は、

とても魅力的で素敵な人。

そんな人になることを目標にして、日々成長するといい。

「この考え方はいいな」と

いまブサイクな人は、
前世はブサイクをバカにした美人やイケメンだった。
だから、現世ではブサイクになっている。
つまり、現世でその報いを受けている——。
このサイクルをどこかで終えたいなら、
許し、そして受け入れること。
「もうやめよう」と己を成長させることができれば、
このサイクルから抜け出すことができる。

仕事で出会ったお坊さんと話しているとき、そんな話になった。
たしかにそのほうが成長するし、
「この考え方はいいな」と。

前世で自分のやったことは、
現世や来世やその先の自分に戻ってくる。
そう考えると、「しっかり生きよう」と思えてくる。
考え方を少しだけ変えると、
いろいろな苦労や困難を受け入れられるようにもなる。
この考え方のほうが、人間関係もスムーズにいく。
嫌なことがあっても、
「前世の自分がやったことなんだな」と、
「仕方がない、受け入れよう」と。

これが正しいとか本当とか嘘とかではなく、
「この考え方はいいな」と。

運気を良くしたいなら、幸運をつかみたいなら、
幸せになりたいなら、いまの人生よりもっと良くしたいなら、
笑えばいい。

まずは、笑うところからはじめてみるといい。
にっこりと笑顔になって、自分の人生を笑えばいい。
他人を小バカにした笑いはいけない。
他人があなたを楽しませようとしたら、
もっと思いっ切り笑えばいい。
勉強ができなくても、学歴がなくても、
才能がなくても、日々の努力ができなくても、
笑うことくらいはできる。

人は笑ってくれる人を好きになる。
つねに笑顔で、よく笑う人になればいい。
どんなときでもいつも楽しそうに、まずは笑う。
そして、おもしろがることをもっと大切にするといい。
運は楽しい場所、おもしろい場所が大好きで、
よく笑う人のところに自然と集まってくる。
ムスッとしたり、不機嫌でイライラしたり、
不満や文句や愚痴の出るところには、運は集まらない。

笑ってしまうといい。笑顔になってみるといい。
そうすれば、運も幸せも自然とやってくる。
日々、笑いと笑顔を忘れないように。

運気を良くしたいなら、笑えばいい

JUNE

愚痴をいったって
変わらない。
己を苦しめるだけ

愚痴や不満を絶対にいわない人、悪意や妬みのない人がいる。

愚痴をいわないようにどう生きるか。

不満を持たないようにどう生きるか。

勉強して、一生懸命働いて成功している人がいる。

日々頑張って努力をしているだけで、十分幸せな人も大勢いる。

他人の人生と比べることや

平均という言葉に踊らされて、

自分を不幸だと思い込むことが

どれだけくだらない行いか。

ないものねだりをして自分を苦しめるなら、

いまあるものでいまの幸せをどう楽しむかを考えて。

「どうしても愚痴をいいたい」という人がときどきいるが、

愚痴をいえば、また愚痴をいいたくなることがやってくる。

それは己を苦しめるだけ。

己の性格の悪さが不運や不幸を招いているなら、
己が変わるしかない。
現状の自分を受け入れて、いまの自分を楽しんで、
知恵を絞ってポジティブに生きればいい。

愚痴をいったって変わらない。
もう何度も経験しているはず。
そこから学習しないと。
愚痴をいわない生き方をすれば、人生は変わってくる。
愚痴をいわないゲームをはじめてみるといい。

なにごともシンプルに考える

ものごとを、シンプルに考えることが大事。
でも問題なのは、なにも考えていないということ。
適当に「これならいいだろう」と、
なにも考えないような判断はよくない。

「考えました？」と聞きたくなるほど、なにも考えない人がいる。
シンプルに考えることと、適当な判断をすることは
まったく違う。
わかりやすく考える。
簡単になるように考える。
素直になって考える。
判断する瞬間に、少しだけ考える。

なにも考えずに適当な判断をすることを、
「考えている」と思っている人がいる。
適当な判断をするというのは、
考えていないということ。
なにか判断をするときに、
ちょっと待って考える。
自分のことだけではなく、目的に合っているのか考えてみる。
相手の立場や状況を考えてみる。
それって、とても大事なこと。

理論的で現実的な考えの人からすれば、
楽観的で直感的な人は
とてもいい加減で無駄が多く見える。
そういう人は失敗も多いが、
チャレンジする精神や
みんなの士気を高めるにはとても必要で、
数字にはできないものがある。
出る杭はときにいい刺激にもなる。

面倒な人のほうがおもしろい。
面倒な人を、知恵を絞って攻略するのもおもしろい。
それはとても鍛えられる。
その人の考えに近づけるし、
そこから学べることがいっぱいある。
周囲も面倒だと思って嫌がるのではなく、
一緒に楽しむことや、考え方の違いを学べる。
いろいろな人がいるから、バランスが取れるもの。

誰かを否定するからバランスが悪くなる。
互いを活かすことを考えれば
良いバランスが取れるもの。
出る杭もいい刺激だということを
忘れないほうがいい。

互いを活かすことを考えれば
良いバランスが取れるもの

半人前だから
結婚をする

相手が結婚したいと思っているのに、
「一人前になるまでは結婚しない！」
という人がいるが、
一人前になってから結婚するのではなく、
半人前だから結婚をする。
結婚して子育てをするほど、
自分がまだまだだと理解できる。

男は結婚をして、責任を背負ってから
やっと本当に信頼されたり、
自分の仕事がなにか見えてきたりする。
独身だったころの考え方と、
結婚してからでは仕事への取り組み方や
考え方が変わる。
責任を背負ってみて初めて、強くなれる。
一人前にはなかなかなれない。
結婚で己が一人前でなかったことを知る。
いつまで経っても自分は半人前だと思っていたほうが先がある。
向上心があるなら、半人前のほうがいい。
納得するまで頑張りたいなら、結婚をして責任を背負う。
そんな自分と結婚してくれた人の思いを素直に受け止めて、
ともに頑張ろう。
一人前にさせてもらう気持ちで、
覚悟して結婚をすれば
もっといい男になれるもの。

頑張らない日をつくって、頑張っている人に会いにいくといい

人生は頑張り続けなければいけない。

頑張って頑張って、それでも、結果が出ないときもある。

頑張り続けられないときもある。

なまけてしまったり、サボってしまったり、

気持ちが緩んでしまうときは誰にでもあるから、

たまには、頑張らなくていい日をあえてつくる。

これはとても大事なことで、

のんびりゆっくりすることは悪くはない。

ただ、頑張らない日の過ごし方は、

頑張っている人を見る日にしてみるといい。

自分が頑張らないなら、頑張っている人を見る。

仕事に一生懸命な人や、一流の仕事をする人や、

夢に向かって頑張っている人を見てみるといい。

できれば、同年代だとさらにいい。

頑張っている人を見ると、多かれ少なかれ影響を受ける。

頑張っている人に会うと、また頑張ろうと思えるものだから。

家でのんびりテレビを観ていないで、

ネットをダラダラ眺めていないで、

頑張らない日を、頑張っている人のために使ってみるといい。

人は頑張り続けられないから、

ときどきでいいので、

頑張らない日をつくって、頑張っている人に会いにいくといい。

人生は、これだけで簡単に好転するもの。

『ドラクエ』の音楽をつくった
すぎやまこういちさんは、
オープニング曲を5分くらいでつくったらしい。
でも、その5分は「54年と5分」。
54年の人生の積み重ねがあったから、5分でできた。

本当はなんでもそうだけど、
瞬間的にアイデアが出たとしても、
そのアイデアが出るための蓄積があり、
その見えない努力に価値がある。
ここに気がついている人といない人では、
人生で大きな差がつく。

同じことの繰り返しを何度も何度もやらなければ、
音楽はつくれない、
楽器を奏でることはできない。
ぞっとするほどの練習をしていることに気がつくと、
あらゆることに感動できるようになる。

美しさを保てることや筋肉をつけられること、
おいしい料理がつくれること、
おもしろくいられるのも、
なんでも見えない努力と、
見えない積み重ねの結果。

なんでも見えない努力と、
見えない積み重ねの結果

「お願い」から恋がはじまる

他人からお願いごとをたくさんされる人は、自然と恋が上手になる。

他人からお願いごとをされない人ほど、恋愛から遠のいていく。

他人からお願いされやすい空気や人柄、

他人から求められやすいように生きる人は、

自然とモテたり恋のチャンスが多かったり、

簡単に結婚に進んだりする人が多い。

結婚ができないと嘆く人の多くは、

「お願いしづらいな」という空気がある。

お願いする人は、お願いした人に好意を抱きはじめ、

お願いされた人は、お願いした人に好意を抱きはじめる。

どんな雑用でも、どんなことでも、お願いをする、お願いをされる、

そこにしっかり感謝の気持ちを込めて、礼儀やマナーがしっかりできれば、

そこから恋がはじまる可能性がある。

お願いをするだけではダメで、お願いをされるだけでもダメで。

このバランスがいい人が、恋愛上手な人。

あなたはお願いしてばかりいませんか?

あなたはお願いされてばかりいませんか?

お願いをする人なら、お願いされるように生きて。

お願いされる人なら、お願いをするように生きて。

いろいろな人にお願いできたりお願いされたりできるようになると、

恋は自然と生まれてくるもの。

言い訳をするから
運を逃す

言い訳をしない、
言い訳を自分にさせない。
そういう生き方をすればするほど、
人生はおもしろくなる。
もっと自由に生きられて、
もっと楽しくなってくる。

言い訳をするから苦しくなる。
言い訳をするからみっともなく見える。
言い訳をするから味方が増えない。
言い訳をするから運を逃す。
言い訳をしてもなにもはじまらない。
「言い訳が、不運や苦労を引き寄せている」と
早く気がついたほうがいい。

すべては言い訳が原因。
それなら、言い訳のできない状況に
自分を置いてみる。
そうすれば、魅力もアップするし、
前向きにだってなれる。
味方も集まり、アドバイスも増える。
運も自然と味方してくれるようになる。

言い訳をしない人生を送れば、
人生はきっと好転する。

喜んでもらえる
幸せを知った人が、
本当に幸せになる

与える幸せを、
喜んでもらえる幸せを知った人が
本当に幸せになる。
受身でいつまでも待っていても、
幸せはやってこない。

自分の喜びが幸せだと思っているから、
幸せに飽きているだけで、
他人の喜びを自分の幸せに
変えることができたら、
人の数だけ幸せになれる。
誰もがその幸せの権利を持っているもの。

幸せになりたいなら、
自分のことよりも、他人をほめて、
他人の才能を認めてあげるといい。
評価をしてあげるといい。
その人はあなたのために頑張ってくれるし、
努力を続けてくれるから。
次第にそれが己の幸せに変わってくるから。

努力を怠ったり、才能がないという人でも、
自分以外の人をほめたり、
認めたりしてあげるだけでもいい。
他人をほめられれば、
それは立派な才能で、
人の良さを素直にいいといってあげるだけでいい。
他人の幸せをつくってあげられる人に、
人は誰でもなれるから。

「優しい」は、他人からいわれてやっと本物

「もっと他人から好かれたい」と嘆くなら、

人に優しく生きればいい。

自分勝手な優しさは、優しさではなく自己満足。

そういう人は結局、

自分が大好きで、自分のことしか考えていない。

相手の立場や状況を考えた生き方ができていない。

誰かが困った状況にいたら、駆けつけて手伝う。

自分のことは差し置いて、

他人のためにできることをやる。

それが自然にできて、

はじめて「優しい人」といわれる。

相手の気持ちを察し、己がどう動けるのか?

それを知るためにも、もっと他人を観察して。

「優しいですね」といわれる人が、

どんな生き方をしているのかを。

他人から好かれないと感じるなら、

「自分は優しくないんだ」と自覚して。

そして、自分の生き方をすべて変えればいい。

他人から優しくされないなら、

「優しい人」を探して観察して、

優しいってどういうことかを勉強して。

「優しい」は、他人からいわれてやっと本物。

どんなに運気が良くても、なにもしないでいたら、

なにもないことが幸せで終わってしまう。

行動して人に会って、初めて運の良さもわかるもの。

運が悪くても、行動して壁にぶつかって、そこから学べばいい。

なにが苦手で、なにが自分に足りないのか。

不運と思われる多くのことに

自分への宿題が隠れていることに気づくもの。

まずは行動する。

人に会って、人と話してみる。

臆病になり過ぎない。面倒だと思わない。

こちらも初対面なら、相手も初対面。

条件が同じなら、

どうすればいいのかは、少し考えればわかるもの。

明るく元気に振る舞うだけでも人生は変わってくる。

自分の幸せは他人がつくってくれるもの。

自分だけでは誰も幸せにならない。

他人に慣れること。

他人と一緒にいることをおもしろがることができれば、

人生はまた楽しくなる。

人との出会いを大切に。

どんな運気でも
行動してみなければ
どうなるかわからないもの

素直に生きて他人から注意されたり、

素直に生きて叱られたりしたなら、

素直に直せばいい。

素直に聞けばいい。

それが本当に素直に生きるということ。

素直とワガママは違う。

素直に生きて、他人に迷惑をかけてはいけない。

素直に生きて嫌われるなら、

それは直さなければならない。

叱られて、初めて成長できる人がいる。

叱られないように、怒られないように生きて、

いつの間にか間違った方向に進んでしまう人もいる。

最初は嘘でもいい。偽りでもいい。

他人をだましてでも、善人になる必要がある。

それが偽善だろうが、

善であることは間違いじゃない。

それで多くの人が守られるなら、

それで多くの人が幸せになるなら、

その善を通せばいいだけ。

素直に生きるとは、自然に善であること。

不満や文句をいわず、素直に生き抜くということは

とても大切で、そこに必ず善がある。

だから素直な人は好かれるし、成長もする。

素直に生き抜くということは、とても大切

不平不満は誰にでもある。

愚痴りたいときや、人を妬んだり恨んだり、

文句をいいたいこともあると思う。

でもそれは、できるだけ少ないほうがいい。

いちばん怖いのは、

不満や愚痴の多い人は

「おもしろくない人」になってしまうこと。

おもしろくない人とは、人は会いたいとは思わない。

不満や愚痴の内容は、

冷静に見ると、ほとんどが自分に対して

いっていることだと思ってもいいし、

世の中、順調に進まないからおもしろいもの。

うまく進まない状況を楽しむ心を持って、

心をしっかり育てられるようにすることが大切で。

せめて、愚痴や不満をいってしまったら、

「愚痴ってすみません。

聞いてくれてありがとうございました！

愚痴らないように、これからは頑張ります！

じゃ〜楽しい話をしましょう！」

こんなふうにいえるといい。

不満があるということは、

生きる希望とやりたいことがある証拠。

本当に頑張っている人には、いつか必ずチャンスはくるから。

不満があるということは、
生きる希望とやりたいことがある証拠

無料で手に入ることに大切なことはなく

本当に大切なことは簡単には手に入らなくて、
身につけることに時間がかかって、苦労や困難があって、
やっと手に入れられるもの。

無料で手に入ることに大切なことはなく、
簡単に手に入れば入るほど不要なことが多く、
お金を払って簡単に手に入るものも、
それほどたいしたことがなく。
お金を払って、苦労や困難があって、時間をかけて、
それでもなかなか手に入らないから大事にする。
それほどのことをしてきたから、大事にできるようになる。

なにが価値のあることなのか、
見極められないといけない。
限りある人生を、無駄な時間を過ごさないように。
時間とは命で、命とは時間だということを忘れ、
人はついつい無駄なことに時間を使ってしまう。
簡単に手に入ることが楽でいいと思ってしまう。

時間をかけて苦労をして身につけることがどれほど重要で
大切なことなのか。
良い思い出の多くは苦労や困難が必ずあって
簡単であたりまえになってしまったことには、感動もなく、
思い出もない。

ちゃんと苦労する。
ちゃんと面倒なことをする。
ちゃんと困難に立ち向かう。
楽がいいわけではないから。
簡単に手に入ることに、なんの意味もないことに早く気づいて、
苦労や困難や面倒なことの先を、楽しんでみるといい。

運が止まっている時期に
焦らないこと

いろいろな占いのなかで
運が悪いといわれる時期があるけれど、
それは運が少し止まるとき。

人生、走ってばかりでは疲れる。
ときには止まって、周囲を見たり、自分を見直したり。
自分の荷物を確認する時期がある。
車のレースでたとえれば、ピットイン。
ガソリンを入れたり、
タイヤを交換したりしないで走り続けても、
長いレースでは負けてしまうから。

だけど、まわりが動いているのに、
自分だけが止まっていると焦ってしまう。
さらにこの時期、
自分の不慣れなことや
苦手なことが表面化する場合もある。

自分への宿題がどんどん出てくる。
やらなくてはならないことが増えた気がして余計に焦るけど、
どんなことがあっても、
「これが不運の時期なら、超ラッキー」
「これくらいで済んで良かったな」
そう思って日々を過ごせばいい。
日々が楽しい。日々がおもしろい。
人生は最高だと思っている人に
運は自然と味方する。

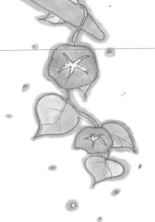

本気のコミュニケーションをしよう

話を聞いてほしい。
もっと理解してほしい。
優しくしてほしい。
かまってほしい……。

それがいつか、相手にとってネガティブに聞こえてしまう。

自分優先で考えるから、相手はどんどん離れていってしまう。
自分優先で考えるから、同じ失敗を何度も繰り返してしまう。

相手の気持ちを考えて、相手から見える自分自身を想像して。

自分の話をたくさんしたいなら、
相手の話はそれ以上に聞く必要がある。

本気のコミュニケーションをしよう。

「運気がいい」とは、
宝くじが当たることではない

運気がいいのにいいことがないのは、
「これまで他人のために努力していなかった」
といわれているようなもの。
運気が最高にいいのに結果が出ないのは、
運気の責任ではなく、自分自身の努力が足りないから。

運気がいいから、人と縁が切れることもある。
運気がいいから、病気が見つかることもある。
運気がいいことを、勘違いしている人が多い。
運気がいいから、寝ているだけでいいことがあるわけではない。
運気がいいなら、どんな行動をして、なにをはじめるのかが大事。
運気がいいのにモテないのは、
自分勝手な性格なのか、思いやりがないのか、
なにかが欠けているのか……、その理由をちゃんと探したほうがいい。

運気がいい日、月、年は、いいスタートができるということ。
占いの「運気がいい」はスタートするタイミング。
努力する人や人徳のある人には、運気がいい時期は嬉しいことが多い。
でも、積み重ねがない人はただスタートする時期。
なにをはじめて、なにを学んで、どう成長するかが重要なだけ。

愛され、優しくされて
生きている

人はみな、
愛され、優しくされて生きている。
それでも人生に不満を抱くのは、
他者に求め過ぎかもしれないし、
甘え過ぎかもしれない。

不満を抱く前に、すべてにいちど感謝してみる。
愛されたこと、
優しくされたことに対して感謝してみる。

人生に不満を抱く人のほとんどが、
人の嫌な部分ばかりを見ている。
ソリが合わない人はいてあたりまえ。
嫌な気持ちにさせる人というのは、
成長するきっかけやチャンスを与えてくれる人。
そう思えばすべてが変わる。

あなたはすべての人に、
愛と優しさを与えてきただろうか？
すべての人からの愛と優しさを感じてきただろうか？
受け取った愛や優しさを、今度は、すべての人に与える番。

人はみな、
愛され、優しくされて生きている。

知識がある、知っている、わかっている、理解している。
だからといって、行動できるとは限らない。

行動してみたけれど、うまくいかない。
そんな人は山ほどいる。

やり方が間違っていないか?
表面だけをやって終えていないか?
継続はしたか?
過度な結果を期待していなかったか?
誰かと比べていないか?

知って動いて、動いて失敗して学ぶ、
そして、成長する。

知って動いて、動いて失敗して学ぶ

面倒だ。面倒くさい。
その面倒に価値があり、
その面倒の先に喜びと幸せがある。
面倒を避けるからどんどん面倒がくる。
面倒を避ければ避けるほど、
不運や不幸は大きくなる。

簡単なことに価値がなくても、
それを続けると価値が出る。
誰でもできる単純なことを、
ただ続けるだけでいい。
誰も続けられないから価値ができる。
誰も続けられなかったから評価される。

面倒だと思ったら続けてみればいい。
長く続けると、面倒は面倒ではなくなり
あたりまえになる。
あたりまえになって飽きても、
それを続けた先に、
大きな幸せが待っているかもしれない。
面倒の先がいちばんおもしろい。

面倒の先が
いちばんおもしろい

周囲は自分のことを
いろいろ考えてくれる

奪い合うとなくなることも、

譲り合うと、案外余ってしまうもの。

自己主張するよりも、他人を認めるほうが認められる。

優しくされたいなら、他人に優しくすると優しくされる。

才能だけで生きようとするよりも、

努力したほうが評価されるし、

ほめられると思ってやったことより、

何気ないことがほめられたり、

怒られると思ったら

案外怒られなかったり、

楽を選んだら苦しくて、

苦労を選択したら楽しい思い出になったり、

怒られて嫌だったけれど、

結果的に怒られたほうがいいこともある。

楽しいを積み重ね続けることも大切で。

ある程度の我慢もあるけれど、

なにが楽しいのか、なにがおもしろいのか、

判断するのは自分で。

まずは自分だけのことではなく、

周囲の人のことを

考えられる人になると、

周囲は自分のことを

いろいろ考えてくれる。

「イラッ」ときたときほど、学べることがあるはず

周囲からのアドバイスを
素直に聞き入れられるか。
厳しい言葉も、優しい言葉も、
「自分のためにいってくれている」
そう思える人、
どんな言葉も善意で受け止められる人は、
どんどん成長する。
幸せがなんなのかわかっている感じがするし、
豊かな人になれる気がする。

なにをしても、悪意でしか受け止められない人もいる。
なにかいわれたときに、
「イラッ」とくるのか、
「ありがとうございます」といえるのか。
これで人は差がつく。

「イラッ」ときたときほど、学べることがあるはず。
それは真実をいわれているから。
そういう考えもあると受け止めないといけない。
ソリの合わない人もいるけれど、
周囲からのアドバイスは、
善意で受け止められるように生きる人のほうが、
良い人生を送っている。

優しい人には自然に
優しくしてもらえるから

優しくされたいなら、まずは自分が優しくなればいい。

優しい人には自然に優しくしてもらえるから。

ただ、その「優しい」が身勝手ではいけない。

優しい人には優しさで返すのがあたりまえで、

得したと思っていると、

いつの間にか周囲に人はいなくなっている。

いい人や優しい人のまわりには、

同じような人が自然と集まる。

似た人の中だと人は居心地がいいから。

共通の話題ができるし、

優しい人は優しい人が好きだから。

気遣いができるから、

同じような人を好むから。

優しくされたいならば、

まずは自分が優しくなってみればいい。

居心地がいい場所を探せばいいだけ。

立ち上がろうとした人だけに、希望の光は見える

「運気が悪い」「運が悪い」と決めているのはあなた。
「人生がつまらない」と決めているのもあなた。
勝手にそう決めつけて、落ち込んでいるのもあなた。
良くないのはその思考で、世の中はまったく悪くない。

想像を絶するような苦しいことがあっても、
それを乗り越えて楽しく生きている人がいる。
絶望とは、すべて自分がつくり出すもの。
そうやって勝手に人生をつまらなくしている。
もっといろいろな人の話を聞いてみるといい。
苦難を乗り越えて
その足で立ち上がって明るく生きている人に会ってみるといい。
大変だったときの話をたくさん聞いてみるといい。
「自分も立ち上がれる」って思うことができるはず。

立ち上がろうとした人だけに、
希望の光は見える。
だから、いまを受け止めよう。
開き直ってみよう。
「運はとてもいい。いまは最高で順調で、すべて整っている」
そう思って前に進もう。
勝手にやる気を出して、勝手に前に進もう。

立ち上がろうとした人だけに、
希望の光は見える。

いまあることを
もっと素直に喜べばいい

あるはずなのに見つからなかったものが、
不意にふっと見つかると嬉しいもの。
それはなにも変わっていないのに、
もともとあるものなのに。

健康も同じ。
風邪が治れば、誰でも嬉しい。
なにもない普通が嬉しかったりする。
あたりまえで普通のことが、もとに戻るだけで
人は喜ぶことができる。
いまある幸せや、
いまあることをもっと素直に喜べばいい。

大きなマイナスや苦労や困難は、
もとに戻ったときの喜びを教えてくれるもの。
平和な、なにも変わらない、
なにも変化のない日々こそが、
いちばん幸せだと。
これに飽きてしまって、
刺激を求める人もいるけれど。

日々の、なにも変わらない、
あたりまえの幸せを忘れないように。
人は、なにもない普通を
喜べる生きものだから。

求められるように生きて
求められたら全力で応えて

求められたらできるだけ応える。
求められるようにどう生きて、
求められるようになにをするのか。
求められてもいないのに、
自我をむき出しにしてもうまくいかない。
求められるように努力を積み重ねる。
ただの努力の積み重ねや頑張りがいいわけではない。
求められるように努力して、求められるように積み重ねて、
求められるように頑張ることが大事。
「求められる」を忘れるから、求められない。

自分のやりたいように生きたり、自己主張が強くなったりしても、
誰からも求められない。
では、求められるようにどう生きるのか?
求められたら、いまできることをできるだけ、
最善を尽くして応えればいい。
求められる人になりたいなら、
人をしっかり観察して、できるだけ見習えばいい。

求められている人には、必ずそれなりの理由があり、
求められるように生きているもの。

誰のためなら
頑張れるのか考えてみると、
また一歩成長できる

自分のために頑張ってくれる人、
自分のために我慢してくれる人、
自分のために動いてくれる人のために
頑張ることが、
本当に頑張らなくてはならないこと。

誰かのために頑張れば
周囲も本当に動いてくれる。
自分だけのために頑張る人に、
他人はそう簡単に協力してくれない。

自分本位の「頑張っている」は評価されない。
結果的に自分が苦しくなるだけ。
感謝されることと喜ばれることの幸せを
早く知ったほうがいい。

日々頑張ることはあたりまえだけど、
それは誰のためなのか。
誰のためなら
頑張れるのか考えてみると、
また一歩成長できる。

ただの真面目がいいのではなく、善意ある行動や言葉が大切。
真面目で融通の利かない生き方は、不器用な生き方。
臨機応変な生き方や対応力が必要で。

真面目過ぎない生き方をしているかどうか。
現状をもっと良くするためにも、
臨機応変な対応力を身につける努力をする。
この場合はこっち、この状況はこっちと判断する。
ただ、そこに善意があるかどうかは重要。
失敗すれば怒られたり、叱られたりする。
それでもいい。
よかれと思った行動が裏目に出ることもある。
それで凹んでやめてしまうから問題なだけ。

叱られたり怒られたり、気まずい感じになるときもあるけれど、
そこでめげない、そこで善意を止めない。
相手が喜ぶなら、善意を持ったサービス精神があるなら、
それをとことん貫けばいい。

ただ真面目に生きることがいいわけではない。
真面目に生きていても善意がない場合もある。
真面目過ぎないように生きるといい。
ただの真面目は不器用な生き方と変わらない。

ただの真面目は不器用な生き方

笑顔を心がける人は
幸運をつかむもの

意識しないとどんどん不愛想になる。

油断すると能面のような顔になる。

誰もいない場所でもニコッとしたり、

愛嬌ある顔を意識したりするのが大事。

誰も見ていないから油断するのではなく、

どんなときでも笑顔でいる。

そんな人に、幸運や幸福がやってくる。

笑顔は人に教わってもできない。

だからできると価値があり、評価される。

ボーッとした顔をするとマヌケな顔になってくる。

イライラした顔をすると人相が悪くなる。

無表情は、不愛想になるだけ。

表情をもっと意識してみるといい。

いいことや嬉しいことがあるから笑顔になるのではなく、

笑顔だから、楽しそうにしているから、

幸運や幸福をつかめる。

笑顔をつくることをサボってはいけない。

笑顔を心がける人は幸運をつかむもの。

「人間だから」で終わらせないで

「羨み」「妬み」「僻み」
「愚痴」「不満」「文句」は、
不運のはじまり。

「人間だからいっちゃうんですよ」
という残念な人がいるけれど、
「人間だからいわないようにする」もので。
自分がいわれて嫌なことはいわない。
自分がされて嫌なことは相手にもしない。
自分がされて嬉しいことは相手にもする。

「人間だから」と言い訳をするけれど、
それは「あなただけ」ですから。
「またやってしまった。今度こそ気をつける」と思うのと、
「人間だから仕方がない」と思うのでは、
どちらのほうが成長するのか。

反省したり、直そうとしたりする。
嫌なことは互いに気をつける。
それだけで、十分で。

「人間だから」で終わらせないで。
「人間だから」気をつけないと。
所詮、人間だから。

7

JULY

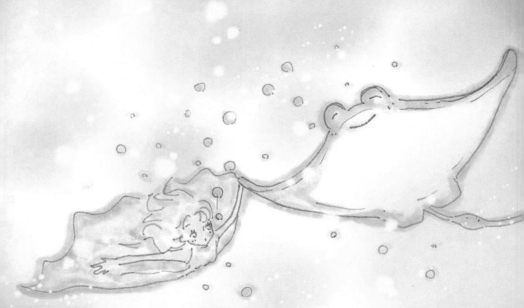

いまから変えようと思えば、
なんでも変わる

人生には成功も失敗もなく、

そのときはそのときで、ただ、それだけ。

過去の失敗を気にし過ぎて臆病になることはアホらしい。

失敗という良い経験を積んだだけ。

過去の成功をいつまでも引きずるのもアホらしい。

成功したのはそのときで、いま成功しているわけではない。

すべては己の経験であるだけ。

失敗だろうが成功だろうが、

むかしはむかし、いまはいま、未来は未来。

時代も変われば、己も年齢を重ねる。

日々なにを積み重ねているのか、

日々新しいことに取り組んでいるかが大切。

過去の苦労や失敗、成功、功績、

すべては点でしかなく、

その点と点を上手に結んで線にできるといい。

それもまた、ただの点に過ぎないことだけど。

過去は過去。

今日から変わればいい。

いまから変えようと思えば、

なんでも変わる。

変わらないと思うから、変わらないだけ。

昨日は昨日、今日は今日、明日は明日。

過去に縛られない生き方を。

愚痴や不満や文句は口に出さない。
口に出さないで秘めることでパワーに変える。
「なにくそ根性」は、ここから生まれてくる。

愚痴や不満や文句をいうと、
脳は「自分がいわれている」と錯覚してストレスを溜める。
愚痴や不満や文句は、いわない、聞かない、いわせない。
自分以外の他人にも、はっきりそういったほうがいい。

愚痴や不満や文句は溜めるもの。
どんどん溜めて、自分のエネルギーに変える。
口に出す前に力をつければいい。
悔しい、納得がいかない、認められない。
思い通りにならないから、愚痴や不満や文句が出る。
ならば、どうすればいいのか。
圧倒的な力を身につければいい。
大人が真剣に取り組んだら、多くのことを変えられるもの。
そのためにもしっかり教わる。長けた人から教えてもらう。
自分でなんでもやろうとせず、頭を下げて学びにいくといい。
悔しい思いをしたそのパワーを、
いつか見返してやろうと思って使えばいい。
愚痴や不満や文句を口に出すのはもったいない。
見返すパワーで、なにを学んでなにを身につけるのか。
人生はこれだけで大きく変わるもの。
愚痴や不満や文句はもういわない。

愚痴や不満や文句はもういわない

心から尊敬できる人を見つけられたら、
とても幸運なこと。
友人でも先生でも親でも恋人でもいい。
心から尊敬できる人を見つけられたら、
人生は楽しくなる。

心から憧れる人を見つけられたら、
とても幸運なこと。
芸能人でもスポーツ選手でも経営者でもいい。
心から憧れる人を見つけられたら、
人生は豊かになる。

その人に少しでも近づき
認めてもらえるように努力することで、
人生の風向きは変わってくる。
尊敬できる人や憧れる人を意識して、
毎日、生活してみるといい。
気持ちが引き締まって、
その存在に近づいていくことができるから。

「自分がいちばん」が全部悪いわけではない。
ときにはそれも必要なのだけど、
尊敬できる人や憧れる人と会うとしたら
どんな自分でいるべきかを考えてみる。
そうすれば、あなたの人生は動き出す。

心から尊敬できる人を見つける。
心から憧れる人を見つける

がむしゃらに生きてみる
ところから
はじめてみるといい

成功者やらお金持ちやら
なにかを成し得ている人の多くの共通点は、
がむしゃらに働くことが好きで、
そして、日々の地道な努力をおこたらない。
そのうえ、チャンスを与えてもらえるような
人間性やキャラクター、運がある。
そのすべてがそろわないといけない。

会社や社会のために責任を持ってがむしゃらに働く。
その仕事を好きになる。
好きになれるほど一生懸命になってみる。
大事なのは、結果が出なくても腐らないこと。
評価されないことには不満を感じるもの。
ただ、自信を持っていても、
実力が伴っていないことも多いから。
そこでひと踏ん張りする。
そこで腐らない。

素直で一生懸命な人にチャンスは訪れる。

明るく元気でおもしろい人、また会いたいと思える人になることが

チャンスを呼び込むコツ。

すべてを全力でやって、日々の努力もおこたらないで、人間性を高めて、

やっと運が左右する地点にたどり着ける。

最初に運ありきではない。

運は、最後の最後にモノをいう。

運まかせではいけないけれど、努力と人間性で得られる運はあるから。

まずは、がむしゃらに生きてみる。

そこからはじめてみるといい。

正しく生きるとモテなくて、楽しく生きるとモテるもの

他人に「正しさ」を押しつける人、
自分が「正しい」と思い込んでいる人は、
他人を傷つけてしまっている場合が多い。

「正しい」がいちばん怖い。
そして、「正しい人」はまったくモテない。
自分だけが正しい生き方をしているという、
間違った考えがあらためられないから、
いつまでもひとりでいる。
結婚して楽しい家庭をつくれている人は
つねに楽しい人で、
自分も周囲も楽しませる楽しい人。
もっともモテる人は、楽しい人。
楽しませてくれる人はいつの時代もモテる。
人生をどうやって楽しむのか。
人を楽しませるためにどう生きるのか——。
特に、恋愛や結婚はここが大切。
恋愛や結婚に進めない人の多くは、
「自分の正しい生き方」にこだわり過ぎて、
相手も自分も楽しませることを忘れてしまっている。
恋愛や結婚ができないのではなく、
楽しませるための努力と気合いと覚悟がないだけ。

正しく生きるとモテなくて、
楽しく生きるとモテるもの。

他人の仕事を表面だけ見て評価する人がいるけれど、
みんな大変だから。
好きな仕事でも苦労が多い。
でも好きだから、
好きだと苦労を苦労と感じない。
好きだと苦労を見せることがない。
ただそれだけで。

どんな仕事も思い通りに進まなくて、
他人に見せない苦労や頑張るところがあるから。
仕事って大変だからお金が頂ける。
楽しい、おもしろいを仕事にしたいなど、
子どもじゃないんだから。
楽しい、おもしろいを仕事にできるように
努力を続けることが大切。

仕事には
他人に見えない苦労が多いから、
人は知らないことほど
簡単に批判できるから。

すべての仕事に
必ずつらいことがあるけれど、
どうやったら互いに楽しめるかが大切。

人は知らないことほど、
簡単に批判できるから

273

好きな人には
素直に「好き」といいましょう。

「好き」といわなければ、
そのままなにも変わらない。
「好き」といえば、
なにか進展するかもしれない。

よく聞かれるのは、
「告白したら嫌われませんか?」
勇気を出して告白した人を、
本気で嫌いになる人なら……
そんな人と恋愛しなくていいです。
嫌われることはありません。
嫌われるのではなく、それは照れです。

素直になりましょう。
勇気を出しましょう。
自分に素直になれない人は成長しない。
素直に素直に。
会いたい人には
「会いたい」と伝えましょう。
男も女も年齢も立場も関係ない。
素直に生きてみましょう。
そうしたら自然に未来が明るくなる。

「もったいない」は不運のはじまり。
出せるだけ出すと、
驚くほど自分が成長する

自分の体験したことや学んだこと、
自分が得た情報は、
ケチケチしないでどんどん出したほうがいい。
つねに出し切る。
自分の能力も情報も、
カラカラになってしまうくらい出し切ると、
必ず満たされるようになる。
枯れることは絶対にない。

「もったいない」は不運のはじまり。
出せるだけ出すと、驚くほど自分が成長する。
求められると、もっと勉強しようと思える。
応えようと人は努力する。
出し切れる人には、
もっと大きな力が必ずやってくる。
己の不運は、
自分がケチケチしているから
招いている場合がある。
自分の力をつねに出し切って、
他人に伝えてみるといい。
そんな人のことを人は好きになるから。
そんな人を大切にするのが人だから。
惜しみなく出し切って。

「興味がない眼」は、
とても大事

興味がない仕事をまかされたり
興味がない部署に移動したりすると、
なぜかまわりを非常に冷静に見ることができる。
冷静に見ることができるから、
良さも見えて、ダメなところもよく見えてくる。

「興味がない眼」は、とても大事なもの。

冷静にものごとを見るために
あえて興味をなくしてみる。
自分も他人も冷静に見るためには、
興味がないことは、ときに都合がいい。

お金は使うのが難しくて、
お金を稼ぐことは簡単

「お金を使うのは簡単で、お金を稼ぐことは難しい」は
貧乏な人の考え方。
「お金は使うのが難しくて、お金を稼ぐことは簡単」はお金持ちの考え方。
そして、お金持ちとお金持ちではない人には、
習慣の差がある。

部屋の乱れは心の乱れ。
部屋の汚い人、部屋が散らかっている人は、
心にゆとりがなく、心が乱れている証。
だから、部屋を綺麗にすることがもっとも大切。
自分の居心地のいい場所を片づけられない人が、
複雑な人間関係を丁寧に、綺麗にできるわけがないから。

己のことができないのに、
他人を思いやることができるわけがない。
自分が楽をして努力をしないままでいると、
他人も同じように楽をして努力をしていないと思ってしまう。
だから成功している人を、妬んだり恨んだりする。
変えなくてはいけないのは、
己の考え方、己の生き方、己の性格、己の習慣。
そのなかに、すべてがある。

問題は「心のゆとり」にある。

人間はすぐに言い訳をする生きもので、「忙しい」といいながら、

SNSをやったり、写真を撮ったり、ゲームをしたり、テレビを観たり……

そういう暇が必ずある。

問題は「忙しい」ということにはなくて、言い訳する自分にある。

いろいろな考えがあるなかで、

なぜ、そんな考えになるのか、

なぜ、そんな行動になるのか、

原因をじっくりしっかり考えれば、

簡単に成功も成長もできるもの。

尊敬できる友人を
つくってみるといい

「尊敬できるかどうか」を、
友だちの基準にしてみるといい。
互いに尊敬できている友こそ、本当の友人であり親友。
この基準を持ってみるといい。

いいたいこともいえず、どこか馴れ合いの関係で、
楽しいときに一緒にいるだけ。
都合のいい暇潰しの相手は友だち?
互いに尊敬し合っているか。
そこが重要で。

一緒にいて楽な人だけれど、
尊敬できる部分があるのかどうか。
相手もあなたを尊敬してくれているのかどうか。
尊敬できない相手なら距離を置くといい。
年上でも年下でもいい、
尊敬できる友人をつくってみるといい。
尊敬できる部分があるのか、
見直してみるといい。

過去のすべてに「おかげさま」。

リストラされた「おかげで」次の道が見つかった。
失恋した「おかげで」素敵な恋人ができた。
貧乏した「おかげで」いまは楽しく暮らせている。
病気した「おかげで」健康を気遣えるようになった。

どんなことが起こっても、
「おかげさま」と思えれば
すべてが未来への希望になる。
「おかげさま」の力はすごい。

過去のすべてに「おかげさま」。
いまの現実にも「おかげさま」。
未来のことにも「おかげさま」。

すべてのことに「おかげさま」。

すべてのことに「おかげさま」

気長に待てるように
運はいつくるかわからないから

「運まかせ」な人生ほどダメなものはなく、
そんな人に限って
「運が悪い」といってしまう。
「運」は運の悪口をいう場所が大嫌いで、
どんどん運は逃げていく。
なにがあっても、どんなことが起きても、
「運がいい」というところに運が集まる。

頑張っているなら、
そのまま頑張っていれば
運は回ってくるもの。
腐ってしまっては、
運が回ってきても
チャンスを逃したり、
気がつかなかったりする。

不運だな〜、順調に進まないな〜、
と嘆くなら、それは運の順番待ち。
明日くるかもしれないし、
来年かもしれない。
10年後かもしれないから。
運はいつくるかわからないから、
気長に待てるような状況を
自分でつくっておくといい。

才能のない人はいない。

でも、己の才能に気がついていない人がいる。

親や先生が認めてくれる才能もある。

友人や知人が教えてくれる才能もある。

自分で気づける才能よりも、

他人が見つけてくれる才能のほうが

多かったりする。

「あなたはこんな人」

「あなたにはこれができる」

そういわれたらチャレンジしてみるといい。

素直に受け止めて挑戦すると、

案外上手くいったりする。

もちろん苦労もするし、挫折もする。

結果が伴わない場合もあるけれど、

すべては経験になる。

いろいろなことが積み重なって

新たな才能が開花する。

人にたくさん会って

真似できそうな才能を真似してみるのもいい。

他人の才能から学べることはいっぱいある。

他人の才能を見つけてみるのもいい。

他人の才能をほめてみるのもいい。

人をほめられるのも

とても素敵な才能だから。

自分には才能がないと思っていたら

苦しいと思ったらスタート。
困難だと思ったら成長期

苦労や困難を、苦労と困難で終わらせているのは、
自分に問題があるだけ。
面倒なことや苦労や困難は、
誰でも避けたいものだと思ったら大間違いで。
成功者には、面倒なことや苦労や困難は、
あったほうがいいと考える人が多い。

問題に直面したとき、その問題にばかり目を向けていては解決しない。
では、どうするのがいいのか？
その問題を数年後に笑って話せる思い出にするには、
自分の努力、改善方法、考え方、知恵、勇気、度胸、
そしてなにより、周囲の人の力がいる。

問題が起きた時点でやれることは絶対にある。
起きた問題は終わりではなく、
そこから次の道への一歩だと思うことがとても大事。
苦しいことやつらいことばかりに目を向けてはいけない。
だって、それでは転んだ子どもが立ち上がらずに、
誰かの手を待って泣いてわめいているのと変わらないから。
自分で立ち上がって、何度も転んで上手に歩けるようになるといい。
どんな人だって、つまずいて転んで成長する。
挫折や失敗くらいでへこたれてはいけない。
人は、へこたれないように本当はできているから。
いつまでもつまらないプライドや劣等感を持って生きないで、
そんなことはあたりまえで当然で。

もっと未来を考えよう。
そのために、いまなにをしなければならないのか?
自分に力がないのならば、
みんなに協力してもらえるように生きなければならない。
お願い上手になることや、愛想を身につけることも必要なこと。
先を考える——もっと先を考えて——いまがつらくて苦しくても——。
「この苦労や困難をいつの日か笑って話せるようにする」
そう覚悟を決めて生きるといい。

苦しいと思ったらスタート。困難だと思ったら成長期。

過去のおかげで、
いまの楽しいがあるから

過去の失恋を引きずっていても、
素敵な人と結婚ができれば、
過去の失恋のおかげ。
受験に失敗しても、
好きな仕事に就くことができれば、
受験の失敗のおかげ。

あのとき、あんなことがあったからと
過去を後悔しても、過去は変えられない。
そんなことはそんなことと開き直って、
次にどうするか、なにを頑張るか。
過去の責任にして、
いまをつまらなく生きるのなら、
いまを楽しんで、
すべてを過去のおかげだと思えばいい。

過去は過去だけど、
過去のおかげでいまがあるから。
過去は自分の想像力や努力、
人間関係や発想力で楽しい思い出にもなる。

「自分さえ良ければ良い人生だ」
などということはまったくなく、
自分の人生は他人が支えてくれている。
そこに感謝してあたりまえで。
他人のために生きられなかったら、
人としての価値はない。
これはあたりまえで当然で普通なことで。
自分のあたりまえのレベルを、
どれだけ上げることができるかが大切。

「挨拶をする」「掃除をする」「他人に感謝する」
これらはあたりまえ過ぎていうことでもないが、
これすらできない人もいる。
自分のあたりまえが普通ではなく、
成功者やお金持ちや、
己が憧れる人のあたりまえと
同じにすることが大事で。
優しくて親切で真心があり、
成功している人はたくさんいる。
己はまだまだだと思うから、
もっとしっかり、もっと丁寧に生きようとする。
綺麗事ではなく、
己のあたりまえや当然や
普通のレベルを上げることで、
人生は思った以上に簡単に良くなるもの。

自分のあたりまえのレベルを、
どれだけ上げることができるか

楽天家ではいけない。
楽観主義に
ならないといけない

楽天家と楽観主義の違いはなにか?

ポジティブシンキングはいいことで、

なにごともプラスに考える力は人としての魅力のひとつだけど、

だからといって、楽天家ではいけない。

なんの対策も立てずに、同じ失敗を繰り返すのが楽天家。

経験をどうしたら活かせるのか知恵を絞ることができて、

些細なことにめげないで前向きでいられるのが楽観主義。

曇っているけれど雨は降らないだろうと思うのは楽天家。

雨が降って濡れるのは嫌だけど、

これで水不足が解消できるかなと考えるのは楽観主義。

お金がなくなってきて、

給料日いつだったかな？　と思うのは楽天家。

お金がなくなってきても、

節約料理に挑戦しておもしろい料理をつくれるのが楽観主義。

脳天気なのが楽天家、楽しく考えられるのが楽観主義。

楽観主義でなければいけないのに、

楽天家になっている人はいませんか？

社会全体を考えて、

どこか冷静でなければならない。

常識やあたりまえなことを理解できていないと

楽観的にものごとを考えられなくなる。

楽天家ではいけない。

楽観主義にならないといけない。

その差を理解して、楽観的に生きるといい。

人生がきっと変わるから。

こだわりができれば
仕事はおもしろくなる

「進んで仕事をする部署ではないから……」
「自主的にやる仕事ではないから……」
言い訳をせずに、もっと仕事にこだわりをつくるといい。
時間管理、計算、順番、丁寧さ……、
仕事にもっとこだわりをつくるといい。
それがたとえ、自己満足でもいいから。

こだわりができれば仕事がおもしろくなる。
いわれたことだけを惰性でやっていたら、
不満が溜まってあたりまえ。
不満が溜まるときは、こだわって仕事ができていないだけ。
どんな仕事でも、
こだわって仕事をすることはできる。
こだわらないと仕事はつまらなくなる。
不満があるなら、こだわって仕事をしてみる。
こだわりを、あえて創造してみる。

仕事にこだわりをつくることは、仕事を楽しむこと。
頑張らなくてもいい、必死にならなくてもいい。
でも、仕事にこだわりをつくるといい。

ある国民的アーティストの人と話をしていたら、
「支えなければならない人がたくさんいますから」といっていた。
自分が売れ続けなければ、稼がなければ、
スタッフや、その家族の生活を支えることはできない。

「やめます」と簡単にいえなくなる立場になる。
「本当に売れる」とは、そういうこと。

真面目な人や人間性のいい人が売れるのであって、
自分の幸せだけを考える人は、やっぱり売れない。
周囲のことも考えるからこそ、売れる人になれる。
誰かを支えようと覚悟をするから、支えてももらえる。

まずは、誰かを支えようと決めて、
やめられないくらい頑張ってみるといい。
そうすれば、
誰かに支えられて
生きていけるようにもなる。

誰かを支えようと
覚悟をするから、
支えてももらえる

運をつかみたいなら、
丁寧に生きること

自分が日々、しっかりと生きているか、
丁寧に生きているかどうかで、
周囲からの扱いは変わってくる。

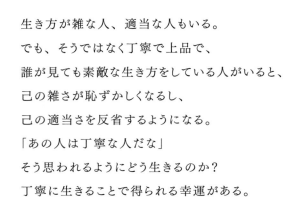

生き方が雑な人、適当な人もいる。
でも、そうではなく丁寧で上品で、
誰が見ても素敵な生き方をしている人がいると、
己の雑さが恥ずかしくなるし、
己の適当さを反省するようになる。
「あの人は丁寧な人だな」
そう思われるようにどう生きるのか？
丁寧に生きることで得られる幸運がある。

挨拶をしっかりする。マナーやルールをしっかり守る。

いつも笑顔でいる。身のまわりのものをつねに綺麗に使う。

部屋を綺麗にする。所作を美しくする。

声を綺麗に出して歯切れ良く話す。偉そうではなくて堂々としている。

服装やアクセサリーに気を使うことができる。他人への心配りができる。

しっかり丁寧に生きることをつねに意識する。

見栄を張るのではなく、丁寧に生きる。

今日、自分は丁寧に生きられたのか？

いまの自分は丁寧に生きているのか？

丁寧に話をすることができたのか？

丁寧にものごとを進められたか？

丁寧な人だと思われて生きられたのか？

それらは、日々のなかから出てくるもの。

丁寧な生き方とは、

日々の積み重ねから滲み出るもの。

もっともっと丁寧さを意識して、

「あの人は丁寧な人だから、自分も丁寧にしよう」

そう思われれば、運は自然とつかめるもの。

丁寧に、丁寧を心がけて生きればいい。

人に合わせる楽しさを見つけましょう

人のいうことを聞くのは嫌だという人がいるが、
それでは視野が狭くなるだけ。
他人に合わせるって、実は楽しいことが多い。
知らないお店に行けたり、
経験したことのないこともできるし、
新しい趣味もできたり。
他人に合わせるって
いいことだし、楽しい。
人間ひとりの情報なんて
所詮、たいしたことがない。

人を避けたり、批判していては、
見られないことがたくさんあり過ぎる。
他人に合わせる、流される。
そのなかで自分がなにを学べるか。
「今日は他人にすべて合わせてみよう」
そんな日があってもいいかも。
人に合わせる楽しさを見つけましょう。

まだまだ成長する余白があるだけ

思い通りにならないことを知って、
思い通りにならないことを
楽しまないといけない。
自分の想像通りの人生が送れないのは、
悲しいことでも苦しいことでもなく、
あたりまえなだけ。

住むところがあってごはんが食べられて、
不安がないなら本当は十分なのに、
少しでも思い通りになると、
初心を忘れてしまう。
感謝を忘れてしまう。
恩返しを忘れてしまう。
いちばん思い通りにならなかった頃の
苦労を忘れてしまう。

多くは運が良かっただけ。
運が良かっただけだからこそ、
感謝と恩を忘れてはいけない。
成功したのではなく、成功させてもらった。
思い通りになったのではなく、思い通りにさせてもらった。
だから、まだまだ成長する余白がある。
イライラしたりがっかりしたりする前に、
忘れていることを思い出して。

人生は、
感謝をするためにある

人生は、感謝をするためにある。

感謝は意識しないと簡単に忘れてしまう。

油断するとすぐに傲慢になってしまったり、

自分の力で生きていると思ったりしてしまう。

恨んだり妬んだりという悪意を持つことは、教わらなくてもできてしまう。

人間とはそんな生き物だからこそ、

感謝できることを見つけること、感謝して生きることがとても大事。

嫌なことや苦しいことに感謝をするのではなく、

嫌なことや苦しいことがあるから、日々の生活に感謝できる。

病気や怪我をすると、

日常のなんでもないことに感謝できるのと同じように――。

感謝できる生き方を心がけていると、

「感謝なんかしなくていい」

「そんなことしても意味がない」

などといってくる人がいる。

こういう人は、人生経験がなく幼稚なだけ。

大きな壁にぶつかって、どうすることもできなくなるまで気づかない。

まだ大きな苦労や困難にぶつかっていない、とても幸せな人なだけ。

挫折や失敗から学んで、また感謝できることを見つける。
それでも時間が経つと感謝を忘れてしまう。
あたりまえで当然だと思ってしまう。
驕りが出てしまう。
自分のことばかり考えてしまう。

すぐにできなくてもいい。
1日1回は、「感謝しよう」と
つぶやいてみるといい。

感謝できることに気がついて、感謝できることを探して、
感謝できることをもっと幸せに感じてみると、
人生はどんどん良くなる。

数字にもっとこだわらなくてはならない。
売り上げだったり、人気だったり、お金だったり、
多くのことは数字になる。
やる気や気持ちがあろうがなかろうが、
真面目だろうが不真面目だろうが、
数字にこだわらなければならない。

目標の数字を結果として出すことが仕事。
「これだけ売れました」
「これだけ結果が出ました」
数字を出し続けると上が動く。
大きなものが動きはじめる。
それまでは出し続けるしかない。

みんなで儲けられるように、お金をどう動かすか。
たくさんの人の生活を支えられる人が、
偉くなっているだけ。
そのためにも数字は大切で、
結果が出せないならどうしたら出せるのか、
知恵を絞り、真似をして、必死になることが大切。

数字にこだわれる人は偉くなる。
その人はたくさんの人を守れるから。

数字にこだわれる人は偉くなる

不機嫌に生きていいことはなにもない。

運は、不機嫌な人がいちばん嫌いだから。

幸運は不機嫌そうな人を避ける。

どんなことがあっても不機嫌を出してはいけない。

苦しいときやつらいときほど、その試練はやってくる。

その勝負に負けて、不機嫌を出してしまったら負け。

不機嫌は、不機嫌になる原因にもなる。

自分が不機嫌だから周囲も不機嫌になり、

その不機嫌な態度で自分がさらに不機嫌になる。

問題は、最初に不機嫌になってしまった自分。

自分の弱さが周囲に迷惑をかけたうえに、

さらにまた、自分の不機嫌をつくっている。

自分の機嫌は自分で良くするもの。

他人に機嫌良くしてもらおうと甘えない。

すべては、気持ちをしっかり持つことと、

感謝の気持ちを強く持つこと。

どうでもいいことで機嫌を損ねる前に、

「感謝しよう」と気持ちを切り替えればいい。

考え方を変えるための試練だと思って自分の機嫌を損ねないこと。

機嫌良く、いつも上機嫌でいる。

人生にはいろいろなことが起こる。

些細なことで不機嫌にならず、上機嫌でいるほうがいい。

幸運は不機嫌そうな人を避ける

自分の価値観だけで
生きない

自分の価値観だけで生きていると、
いつまでも世界は狭いまま。
そして、必ずその世界に飽きてくる。

不幸や不運の多くは、自分でつくり出している。
でも、階段を一段上がれば別の世界が見えてくる。
運気に悪い時期はなく、それは単に自分を鍛える時期なだけ。
自分に足りない部分があっても、
嫌だとか苦しいと思うこと自体がダメなだけで。
「成長できる！」「勉強になる！」「優しくなれる！」
そう受け止めた人は、本当に強く、優しくなれる。

自分の価値観だけで生きていると、
何年後かに、同じ壁が待っている。

自分の価値観だけで生きない。
自分の好きなことだけを大事にしない。
自分だけのために生きない。

人に求められたことがあれば、
「自分にできる」と思って頑張るといい。
その頑張り方もいつもと同じではなく、
違う方法を取り入れてみる、
違う生き方や価値観の違う人の意見を取り入れてみる。
自分が不運だとか苦しいと思うところで終えないで、
自分が成長するための経験だと思っているといい。

自分の価値観だけで生きていると、
何年後かに、同じ壁が待っている。

一杯飲みに誘える大人になると、
人生はまた明るくなる

人とのいい関係をつくるのが「食」。
人とのいい関係をつくるのが「酒」。
ランチのときと同じ話をしても、
夜に飲みながら話をしてみると、
意外とニュアンスが違うもので。
恋愛でも仕事でも、
人とのいい関係をつくりたければ、
ご飯を一緒に食べにいったほうがいい。
できればお酒を飲みにいくといい。
お酒が飲めなくても「飲みに誘う」。
これも大事。

同級生、同期、同世代だけの食事会や飲み会は
ちょっと考えもの。
不満を言い合う会になってしまうから。
できれば年齢が離れている人や、
あまり知らない人とごちゃ混ぜがいい。
そのなかで話すことの楽しさを知ると、
人生はとてもおもしろくなる。
慣れていなければ、慣れればいいだけ。
一杯飲みに誘える大人になると、
人生はまた明るくなる。

「一杯いきましょうよ」

いずれ役立つことが、
いますぐ理解できるとは限らない

自分に理解できないことがおもしろくないのではなく、

自分が理解できないことにがっかりする。

でも、簡単でわかりやすいことが楽しくておもしろいとは限らない。

複雑で理解に苦しむから、おもしろいことがある。

読むのが簡単な本よりも、難しい本を読むほうがおもしろい。

本を読んで思考を巡らせると、

自分の考えをまとめられたり、ほかの本とつながったりすることがある。

人になにかを伝える際に、その伝え方を変えるために、

言葉を変えるために、いろいろな表現を知ってみるために、

自分が理解に苦しむこともときには大事。

そのときに役立たなくても、何年か経って突然役立つこともある。

人生では、いずれ役立つことがいますぐ理解できるとは限らない。

いろいろなことを蓄積して、いろいろな経験や体験をして、

未来に役立たせることができればいいだけ。

自分が理解できないのは、

自分が幼稚なだけなのかもしれない。

まだまだ成長不足なのかもしれない。

難しいからといって避けないで、

しっかり受け止めて、吸収して、

未来に役立てるように生きるといい。

「自分好き」を超えるくらい
相手のことを好きになる

好きな人には素直に好きと伝えてみて。
それを聞いて、都合のいいような関係をつくろうとする相手なら願い下げ。
素直に自分の気持ちを伝えてみるだけで、
相手がどんな人なのか一瞬でわかるから。

恋や結婚は簡単で単純なもの。
素直な人の言葉に素直に答えられないなら、
それが答えだから。
それでも自分の好きを貫きたいなら……、
それは本当に好きなの?
それは意地じゃない?
それは自分のプライドを保ちたいだけじゃない?

本当の好きって、相手の欠点までも好きになること。
交際がはじまる前から相手の文句や愚痴が出るなら、
ただ自分をかわいがってほしい、かまってほしいだけ。
あなたが好きなのは自分自身。
「自分好き」は他人から好かれない。
「自分好き」を超えるくらい相手のことを好きになれば、
本気だから相手にも気持ちが伝わる。

「好き」ということは簡単で。
なにがあっても本当に好きだったら、自分の「好き」を伝えてみる。
相手が受け入れなかったら、
受け入れなかった相手の気持ちを素直に受けて、
あきらめるのも本当の好きということ。

素直に生きて、素直に恋して、
素直に好きと伝えれば答えが出るだけ。

予期せぬ大雨が降っても、
楽しむといい

僕たちの先祖は、
大雨や寒さにどう立ち向かってきたのだろう？
きっと、その環境に文句をいうのではなく
受け入れて、そこからどう生きるかを考えてきたから
いま僕たちにまで命がつながっている。

大雨だからといって、
なにもしない人はなにもない人生で終わってしまう。
大雨で大変だと笑いながら、
行動した人の人生に変化が起きていく。

ひとりでやれることはちっぽけだから、
あまり過度な期待はしないほうがいい。
それでも、自分にできることを探してやってみる。

予期せぬ大雨が降っても、楽しむといい。

AUGUST

夢に向かって突き進んで、
希望を持って突っ走っているとき、
人はいちばん楽しむことができる。

人生にひとつでいいから、
本当に好きなこと、
本気で挑戦できることを見つけてみる。
それはとても大事なこと。
でも、それで成功するかどうかは別で。
本気で取り組めるのかどうか、
好きなことに情熱を燃やして
頑張れるのかどうかが大事で。
そうしてできた人脈や、
そこでの経験は次に活かせるもの。
本気でやらなければ、
活かせるものは残らない。

だらだらと適当に生きていたら、
なにも活かすことはできない。
なんでもいいから、
ひとつのことに打ち込んでみるといい。
本気にならないことが問題だから、
本当に好きなことを見つければいい。
それが、とても良い人生に導いてくれる。

なんでもいいから、
ひとつのことに
打ち込んでみるといい

「出て」「会う」から
「出会い」

あたりまえで、当然なことだけど、
「出会いがない」と嘆く人の多くは、
「行動しない」ことを選択している。
「出て」「会う」から「出会い」になる。
行動しなければ人に出会うことはない。
家にじっとしているだけでは、
チャンスがくるわけもない。
だから、まずは行動する。
どんどんいろいろな場所に行くことが大事。
行動すれば、いいことがたくさんある。

つまらない自分の考えに縛られていないで、
まずは行動してみるといい。
その先に、なにがあるかわからないから楽しい。
同じタイプの人とばかり遊ばないで、
知らない人と話してみたり、人の輪を広げてみたり。
いろいろな人の人生が、
いろいろな考えをつくっていることを、
楽しみながら見てみるといい。
多かれ少なかれ、苦労や困難というのは、
まったく動かなくてもやってくる。
どうせくるなら、行動して自分を成長させるほうがいい。

足りないのは、運ではなく行動力。

「運気のいい日」は
新たなスタートのタイミング

「運気がいい日＝嬉しいことがある日」
「運気がいい日＝楽しいことがある日」
「運気がいい日＝なんでもうまくいく日」
そんな単純なことではなく、
運気がいいから上司に叱られることや、
運気がいいから恋人と別れることや、
運気がいいから道で転ぶこともある。

運気がいいときの出来事を見極めて次に進むから、
結果として、その日は「運気がいい日」になる。

努力の積み重ねがないと「運気のいい日」に結果は出ない。
恋する努力をしていなければ最高の恋人はできない。
仕事に真剣に取り組んでいなければ成果も出ない。
まったくなにも勉強していない人が、
「運気がいいから難関校を受験する」といったとして、
「それは無理でしょ?」と誰もが思うのと同じこと。

「運気のいい日」に起きたことは、「答え」。
それを受け止めて、新たなスタートをきればいい。

自分を正しい人だと思う前に、自分は悪い人だと思ったほうがいい。

「自分は頭が悪いので」といって本を読んだり勉強したり、
「自分は仕事ができなくてみんなに悪いので」と
自分で練習をしたり、仕事の勉強をしたり、
「伝え方が悪かった」と言い方や表現をいろいろ変える人がいる。
そう、まずは「自分が悪い」人になる。
「悪い」と思うことはスタートすること。
自分が悪いから伝わらない。自分が悪いから理解できない。
自分が悪いからのほうが、人は成長できる。

他人が悪い。世間が悪い。時代が悪い。
悪いのを自分以外にしているから、いつまでも成長しない。
自分が正しい、自分だけが間違えていないと思って、
どんどんダメな人になってしまう。
自分が悪いと思って考えをあらためてみる。そして、反省をする。
「自分が悪かった」はネガティブとは違う。マイナス思考とは違う。
「自分が悪い」からスタートして、では、次をどうするのか?
同じ悪いことをできるだけしないように、生きることが大事で。

自分が正しいと思って生きないように。
なにごとも「自分が悪い」が大事。
悪い人になったほうがいい。

悪い人になった
ほうがいい

人は調子に乗らないといけないときがある。
そこで遠慮したり、
引いたりしてしまうと、
いつまでもチャンスが巡ってこない。
自分を信じて、
思い切って飛び込むことが
必要なときがある。

勢いがあるときは
どんどん突き進むといいと思う。
でも、図に乗ってはいけない。
自分がいいからといって、
他人をバカにしたり見下したりして、
感謝できない。
そんな人になっては、
せっかくのチャンスに活躍できても、
周囲に敵が増えて、
逆に評価を落としてしまうこともある。

この言葉をよく思い出す。
自分は調子に乗っているのか。
いまの自分は図に乗っていないか。
「調子に乗っても、図に乗るな」

調子に乗っても、図に乗るな

嫌なことやつらいことは誰にでもある。
嫌なことをいつまでも引きずりたくないのに、
多くの人は引きずったり、
いまの苦労や不運の原因だと
思い込んだりしてしまう。
恨んだり妬んだりもする。

でもその前に、小さなことでもいいから、
親切にされていることを思い出して。
善意のある人にもっと目を向けて。
優しい人に注目して。親切な人を探し出して。
小さな優しさにもっと敏感に生きるといい。
世の中のすべてのことは優しくできているから。

イライラしたりヘコんだりする前に、
小さな優しさにもっと敏感に生きると、
人生は楽しくなるものだから。
自分は他人の優しさのなかに
生きていることを忘れないように。
自分が気づかないだけでは
もったいないから。

他人の優しさのなかに
生きていることを忘れない

言葉ひとつで人生は変わるもの

「ほめられた」「いわれて嬉しい」
「良い話を聞けた」で人の心は動きはじめる。
言葉ひとつで人生は変わるもの。
だから、前向きな言葉を使い続けるといい。
良い言葉を選び続けるだけで、
人生は簡単に変わってくる。

すべては己の言葉の選び方次第。
自分の言葉が変われば周囲も変わる。
そのためには、まずは挨拶から。
挨拶ができなければ、なにもはじまらない。
しっかりとした声と笑顔で、しっかりと挨拶をする。
運はここから良くなりはじめる。
歯切れが悪い、声が通らないなら、
お風呂に入りながら、
「あいうえお、いうえおあ、
うえおあい、えおあいう、おあいうえ」を10回、
大きな口でゆっくりはっきりいうようにするといい。
滑舌が悪くても、
少しの努力で簡単に変わるものだから。

言葉ひとつで人生は変わるから、
声の出し方、言葉の選び方を大切に。

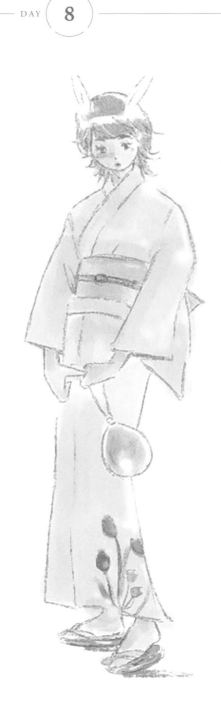

「苦労を楽しみなさい」
そんな人がいた

自分の人生は、自分の運命は、己にしか体験できない。

自分しか経験できないかけがえのないもの。

見えているものすべては

自分にしか見えない特別なもの。

すべてが特別、すべてが自分専用、

良いことも悪いことも、自分でしか味わえない。

感性や感覚も他人と同じではない。

自分の人生や運命を

他人と交換することは絶対にできない。

ただ、絶対にできないからといって、がっかりすることもない。

すべてが自分専用の特別なことだと思って楽しみはじめると、

人生は不思議と良い方向に進みはじめる。

「苦労を楽しみなさい」

そんな人がいた。

苦労から逃げるのではなく、

苦労を楽しんでしまえば、

日々が楽しくて仕方がない。

他人は経験できない特別な人生をどれだけ楽しむか。

苦労ですら、不運ですら、

それは特別なことだから、

悔やんでも妬んでも変わらない。

前に進むしかない、自分専用の人生なんだから。

楽しむように、楽しめるようにどう生きるのか。

己の運命を楽しんだほうがいい。

ものごとが計算通りに進むことなんてほとんどない。
予想外の出来事や意外な出来事の連続——。
そんな流れのなかで僕たちは生きている。
逆らったり、抗ったり、面倒なことを避けたり、
ときには逃げ出したりしながら……
僕たちは生きている。

人生ってうまくいかないからおもしろい。
そう思っていればどんなことでも楽しむことができる。
苦しいときはみんなで助け合うことができる。

僕たちはとても残念な生き物。
幸せに慣れてしまう。
幸せを見失ってしまう。
幸せに飽きてしまう。

だから、
ときには残酷な出来事から、ときには自然界が怒り出したことから、
「そこにあること、いまあることが幸せ」なのだと
僕たちは学ぶことになる。

そして——どんなことでも、乗り越えられる手段や方法は必ずある。
人間の強みは、みんなで力を合わせられること。
困難のなかにいるときほど、
いまできることを、未来につなげるように生きるといい。

単純に
「ありがとう」の回数が多い人は、
幸せになっている。
「ありがとう」の多い人は、
いい人に囲まれたり、
生活にゆとりがあったり。
親の教育なのか、自然なのかわからないけれど、
「ありがとう」が多い人には、幸運がくる。
「ありがとう」から幸運がスタートする。

試しに「ありがとう」と
いってみましょう。
そんなに難しいことでもないし、
ほんの少し意識をするだけ。
いますぐにはじめられる。
人それぞれの判断だけど、
「ありがとう」くらい素直にいえないで、
「ありがとう」が自然に出せないようでは、
人として、どこかやっぱり魅力に欠けてしまう。
たったそれだけのことなのに。

「ありがとう」を
素直にいえる人になれるといい。

「ありがとう」を
素直にいえる人になれるといい

生きると死ぬは対で

死ぬのではなく、「先にいく」だけ。

「死んだらおしまい」

そう思うから、悲しさや寂しさがあるけれど、

人はいつか必ず死んでしまうもの。

死んだのではなく、ただ先にいっただけ。

肉体的な死は誰にでもあり、
それは運が悪いとかいいとかではなく、
人には死ぬ義務があって、死ななければならない。

死んだときにどう思われるのか、
死んだあとにどう語り継がれるかが重要で。
誰も自分のことを思い出さなくなったとき、
本当の死を迎える。
生きることにこだわることはいいけれど、
命よりも大事なことを見つけることのほうが大切で。

生きると死ぬはつねに対にあり、
たまたま偶然生きるほうに転がっているから、
いままで生きているだけで。
肉体的な死は簡単に誰にでもやってくる。
でも、それは先にいっただけで。
自分の順番がくるまで、先にいった人を語り継いでいけばいい。

悔しいとか悲しいとか寂しいとか、いろいろな感情はあるけれど、
いずれ自分にもやってくるそのときまで
己がその人を語り、己も語られるような生き方をどれだけするかが重要で。

生きると死ぬは対で、
どんな人にも必ずやってくる。
それが早いか遅いかだけ。

一瞬会っただけで好きになるほど、

人は簡単に他人を好きにはならない。

自分が簡単に他人を好きにならないように、

相手も簡単に好きにはならないもので。

好きな人に好かれないのは自分のレベルが低いからで。

相手の良い部分を探して、好きになれるところを探して、

誰にでも必ず良いところはあるから。

どんな人でも好きになれる素敵な人になれば、

必ず素敵な相手は目の前に現れるから。

ここがダメ、ここが好きじゃない……。

他人を批判しているだけではダメで。

自分が素敵な生き方をしていないから、

いつまで経っても本気で好かれないだけ。

人間性を鍛えないといけない。

コミュニケーション能力も必要で、

つねに成長し続けなければいけない。

前向きで輝いていれば魅力が出てくる。

やる気がなくて、ダラダラして、前向きではなく、

成長もしていなければ、誰からも好かれない。

もっと他人の好きになれる部分を探して、

もっと自分を磨いてみて。

もっと自分を磨いてみて

本気になったときほど、
楽しめている

サボったりズルをしたり、
なまけてしまったりするほうが本当は疲れてしまう。
そのことを、意外と知らない人は多いもの。

なにごとも一生懸命に、できなくても、
できないなりの生き方をすればいい。
と、僕はいつも思っている。
僕は、かっこつけて生きるほど器用ではないし、
無駄が多いかもしれない。
でも、それが自分の生き方ならばそれでいい。

本気で取り組まないことが、
どれほど苦しいことか
わかっていない人がいる。
だって、それじゃ寝覚めが悪いでしょ?
本気で生き続けるほうが楽しくなる。
人は本気になったときほど、楽しめている。

相手のタイプに合わせて、伝え方を変えるのは当然のこと。

理屈で話したほうが伝わる人がいる。
端的に話したほうが伝わる人がいる。
情熱的に話したほうが伝わる人がいる。
相手のタイプに合わせて、伝え方を変えるのは当然のこと。
それができないから、仕事も恋愛もうまくいかない。

もっと相手を見る。
相手を観察する。
もっと会話する。
相手のタイプに合わせて、伝え方を変えるのは当然のこと。

この表現は伝わるのかな？
この言い方は失敗するかな？
この伝え方でよかったかな？

意識して言葉を選べばうまくいく。

意識して言葉を
選べばうまくいく

人との出会いでもっと学べる

人との出会いが、いちばんすごいことだと気づかない人がいる。

自分の生き方が少し変われば、会えなかった人がいたかもしれない。

受験や就職、病気や怪我、親や祖父母、先祖の生き方……。

いろいろなことがつながって、いまがある。

偶然が重なって、過去の努力や縁がつながって、出会いがある。

挨拶をするだけでも、それはとてもすごいこと。

対話ができたり、仲良くできたりするなんてことは、

本当にすごいことだとみんな忘れてしまっている。

生きていることを、生きつないできていることを、

本当はもっと大事に考えないといけない。

自分だけが、ポッと生まれてきたかのような生き方をする人がいる。

自分のことだけを考えて生きていてはダメで、

そんな生き方はやっぱり認めてもらえない。

つないできた命を、互いに大切に思うこと。

一つひとつの出会いをもっと大切に思えたら、

これまでの人生のつながりを大事にできたら、

人生はもっと楽しくおもしろく感じられるから。

同じ時代に生きられたことも含めて、

すべての出会いは、本当に偶然で不思議なこと。

もっと出会いを楽しんで、

もっと生きることをおもしろがれれば、

人との出会いでもっと学ぶことができる。

暇を暇のままに、
無駄を無駄のままにしない

時間があるときになにをするかで、人生に大きな差がついていく。

僕の場合、占い師を目指しているときに
365日分の運気を70年間分計算して表にする時間があった。
僕の人生は、暇があったからいまがある。

僕が20代のときは仕事をしたくても仕事がなくて、
毎日のように図書館で本を読んで時間を潰して、
図書館が閉まると古本屋で立ち読みをしていた。
お金がなかったので空腹を満たすために水を飲んで、
バイト先でごはんをごちそうになった。
中古で買った占い本を読みあさって、切り抜いてノートに書き写していた。

暇な時間を無駄にしなかったからいまがある。
暇がなかったらいまの自分はいなかった。
暇があったからたくさんの人を占えたし、
暇があったからどんな依頼も受けることができた。

人生を振り返ったとき、
「あの時間は無駄だった」と思うことが必ずある。
「遊ぶ時間があるならもっと勉強しておけばよかった」
僕も何度、そう思ったことか。

暇な時間になにをするのか。
いまは無駄なことかもしれないけれど、
それが自分の未来につながるようにするといい。

暇を暇のままに、
無駄を無駄のままにしない。
そう思える人に結果はついてくる。

利他的な考え方を持って生きるといい

誰かに得をさせられる人に徳が集まる。
誰かを儲けさせられる人にお金が集まる。
誰かを笑顔にさせられる人が幸せになる。

みんなを幸せにできる人に幸せが集まる。

利己的な考えでは幸せはつかめない。
利他的な考えがなければ幸せはつかめない。
そのことを忘れないように。

まずは、人と仲良く気楽に話せるといい。
「こんなに話しやすくて楽しい会話は久しぶり!」
そう思わせることができるくらいに、
コミュニケーション力を高めるといい。

話のネタになるようなことを日々探すといい。
ネットで調べて「はい終わり」ではなく、
どこかに出かけて無駄かもしれない時間を過ごすといい。
そこで得られる情報は無限にあるし、
なにより経験値が上がるから。
世の中が便利になったからこそ、
逆に不便で面倒なことに価値が出てくるから。

経験値と価値を上げて、
利他的な考え方を持って生きるといい。

どんなに不安をぬぐっても、

簡単に出てくるのが不安だから、

そんなことを考えても仕方がない。

生きるということは不安と一緒に生きるということ。

自分のできることを一生懸命頑張って、

自分なりの幸せを見つけて、

頑張れる理由を探して、

自分らしく生きることと豊かな心が大切で。

不安なことなど、

考えても多くは解決できない。

不安を消す努力は大切だけど、

考えただけでなにもできないなら、

不安を大きくするだけだから。

いつ隕石が落ちてくるかわからないし、

なるようになるし。

自分の運命がどんなものか、

楽しみながら前に進めばいい。

不安はなくならないから、

気楽に生きればいいし、

気楽に生きると

いい加減に生きるは違うから。

多くのことはなんとかなるし、

なんとかするのが人生だから。

なんとかなるし、
なんとかするのが人生だから

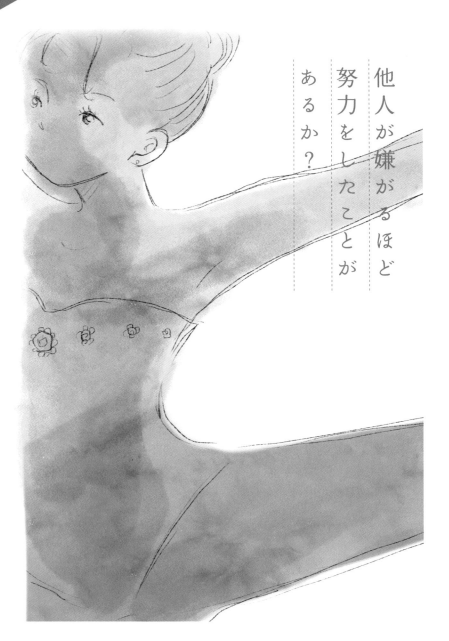

他人が嫌がるほど
努力をしたことが
あるか？

他人が嫌がることをどんどんやったほうがいい。
他人から嫌われることをすることで幸運をつかめる。
──といっても、犯罪などの悪いことではなく、
他人から見て、「なんでそこまでやるんだ!」と
そう思われるくらい努力をするといい。

スポーツでも勉強でも芸術でもなんでも、
他人が嫌がるくらい努力をすればいい。
他人から嫌われるくらい、技や知識を極めてみるといい。
ライバルや同僚たちが、「ここまで努力するのか……」と、
嫌がるくらい極めてみるといい。
マナーやルールを破ったりズルをしたりせず、
決められたなかで努力をするといい。
自分の目的や目標に向かう努力を、
他人が嫌がるほどに、他人が両手を上げてしまうほどに、すればいい。

自分は、他人が嫌がるほど努力をしたことがあるか?
いわれたことだけをやっていないか?
決められた範囲内だけの努力、他人と差のない努力は
結局、努力だとは思われない。
他人から嫌がられるくらい努力ができたら、
どんどん人生は楽しくなる。

「それだけ努力したなら仕方ない」
そういわせて、やっと本当の努力。

夢を追いかけて
一生懸命
頑張ったから

映画監督の黒澤明さんは、画家を目指し、

その夢が破れたから、あきらめたから、

映画監督として成功した。

夢が叶わないこともある。

一生懸命やっても結果が出ない場合もある。

それは当然のこと。

そこで身につけた力を次にどう活かすのか。

夢を追いかけて一生懸命頑張ったから、

夢が破れても、次の世界で大成功する人はたくさんいる。

あきらめることはつらくても、結果が出ないなら、

ほかの仕事でそこで培ったものを役立たせればいい。

そのためにも夢に向かって真剣に努力して、必死になって頑張って、

いろいろな能力を身につけて自分を磨くといい。

真剣に一生懸命頑張った能力は、

必ず活かすことができるから。

なんとなくダラダラやっていては、

次に活かすこともできないから。

夢に向かって真剣に努力して、必死に頑張って、

真剣に取り組んだ人には必ず次がある。

その力は必ず次で活かせる。

他人をどう思うのか、
それで己がどんな人物かわかるもの。
他人に感じることこそが、すべて自分だと思えば、
つねに自分がどんな人物かが簡単にわかる。

「あいつ儲かっているな！」と思う人は、
お金のことしか考えていない人。
「あの人は優しいな」と思う人は、
他人に優しい人。
「あの人は努力しているな」と思う人は、
自分も努力できる人。
「あの人は運がいいな」と思う人は、
運まかせで生きている人。
「あの人は極めた人だな」と思う人は、
自分も極めることができる人。

少し会話を聞くだけで、その人が見えてくる。
人って、とてもわかりやすい生きもの。
わかりやすく単純だから「個性が大事」などという。
なにもしないで違いがあるなら、
誰も個性を求めようとはしないもの。

他人は己の鏡だということを
忘れないように。
自分の心は、言葉や態度や他人の評価に出るもの。

他人は己の鏡だということを
忘れないように

つまらないことで
イライラする人が
もっともつまらない

つまらないことでイライラする人がいる。
それは己が愚かだということを
露呈しているだけ。
むかしのことをいつまでも怒っていたり、
イライラを思い出したり、
妬んだり、恨んだりする人ほど
たいした人ではない。
いつまでも幼稚で成長していないだけ。
過ぎてしまったことは仕方がない。

「はい、おしまい」
そんなことに気持ちを持っていかれることが、
どれだけアホらしいか。
つまらないことを考える暇があったら、
いまに明日に生きればいい。
人間は暇だとろくなことを考えない。
人間は暇だと過去に引きずられる。
人間は暇だと過去に生きようとする。
イライラする人、妬む人、恨む人は、
暇なんですよ。

いまの自分ができることをどんどんやって、
おもしろいことや楽しいことを探して、
自分も楽しく、周囲も楽しいことを探して、
周囲に感謝されて、周囲に喜ばれることが
どれだけ幸せかを知ればいい。

やろうとしない自分を嫌いになって

「やろう」としないことは、
人間にとってもっとも残念な生き方。

言い訳をしてやろうとしない。
情報を集めてやろうとしない。
誰かの責任にしてやろうとしない。
屁理屈をいってやろうとしない。
時間の問題にしてやろうとしない。
お金の問題にしてやろうとしない。
親の責任にしてやろうとしない。
運気が悪いからとやろうとしない。

できないのではなく、やろうとしない。
いろいろな人と話していろいろ考えても、
結果的にやろうとしないのでは意味がない。

やろうとしない自分に勝つこと。
やろうとしない自分を消すこと。
まずはやってみる。まずはやる気を出してみる。
まずは、やろうとしない自分に負けないように生きてみる。
人生はそれだけで大きく変わるから。

やろうとしない自分をもっと嫌いになって、まずはやる。

そこからはじめよう。

嘘でもいいから「許す」と運気が良くなる

過去の出来事にとらわれて、前に進めない人がいる。

許せない出来事ほど、許した瞬間に楽になる。

許せば、それで解決する。

でも、なかなか許せないのが人ってもので。

嫌なことや嫌いな人のことを、

思い出すほうが苦しくてつらいなら、

最初は嘘でもいいから、「許す」。

本心からでなくてもいいから、「許す」。

ゲーム感覚でも遊びでもいいから、「許す」！

何度かやってみると段々変わってくるし、

それは自分の成長にもつながる。

なにかを乗り越えたようになるもので。

許せないと思ったときこそ、

嘘でもいいから許してみるといい。

つまらないことにとらわれていないで、

前に進むために、

許さなければならないときがある。

許すゲーム、許す遊びを、嘘でもいいからやってみるといい。

見ようとし、
見つけようとすれば、
簡単に幸せは
見つかるもの

見えているのに、気がつかないのが人ってもの。
頑固になったり、決めつけたりしていると、
見えるものも見えなくなる。
見えることがあたりまえだと思ってはいけない。

目ですら、心が凝り固まっていたら機能しないのが人間。
目に見えない人間関係や相手の思い、考え方を
己の頑固で「こうだ」と決めつけていたら、
もっと感じられなくなって、もっと見えなくなってしまう。
日々いろいろな考え方をして、
日々いろいろな角度でものごとを考える訓練をしてみる。

それは日々の幸せを探すのと同じ。
それは日々の幸せを見つけるのと同じ。
日々、楽しいことやおもしろいことがいっぱいある。
気がついていないのは、見えていないのは、
「そこには幸せがない!」と思い込んでいる、
あなたのガチガチの心に問題がある。

力を抜いて、いろいろな角度からものごとを見たり、
単純に考えたり、気楽に思ったり。
いろいろやってみると、
幸せは簡単に見つけられる可能性がある。

積み重ねは嘘をつかない

他人が簡単にできることを甘く見る人がいる。
簡単にできるようになるまでの時間があり
それまでの積み重ねがあるから、
簡単にできているように見えるだけなのに。
自分がやってみると、それよりも時間がかかり、
うまくいかないことのほうが多いもので。
他人が簡単にやっていること、スピーディーにできることは、
それまでの積み重ねがあるだけ。

積み重ねは嘘をつかない。
同じことをやっても、10年違えば10年分の差があり、
真剣に仕事に取り組んだ人ほどその差はある。
他人の積み重ねを忘れないこと。
他人の努力を見抜くことは大事。
他人の過去をもっと想像するといい。
尊重、尊敬できるようになるといい。
もっと興味を持って他人を見ることができると、
人生は自然と楽しくなるから。

人間がもっともおもしろい。
いろいろな人生を送っているから。
いろいろなことを積み重ねているから。
簡単にできたこと、
そこにある積み重ねを見落とさないように。

善 意 を 持 っ て
判 断 す べ き で

自分が真面目で一生懸命に生きているから、
「他人も同じように真面目で一生懸命だ」
そう思うのが人で。
他人がモタモタしたり、真剣でなかったりすると、ついつい怒ってしまう。

真面目な人ほど不器用で。
ムッとしたり、怒ってしまったりするのは、他人に期待しているからで。
真面目な人ほど、つい顔に出てしまう。

他人の言動から、他人の性格を判断するけれど、
本当にそういう性格なのかは誰も知らない。
表面に出ているその態度は、真面目さから出る
不器用な側面かもしれない。

「あの人は性格が悪い」
「あの人はいい人」
他人に対する判断の基準はすべて自分自身。
自分の性格もそこに出てくるもので。
勝手に悪い判断をせず、どうすることが最善なのか、
善意を持って判断すべきで。

自分に才能がなくても

自分に才能がなくても、自分に魅力がなくても、

才能のある人は見つけられるし、

魅力のある人も見つけられる。

そして、才能のある人を見つけて紹介することは、

誰でもできる簡単なこと。

「この人のこれがすごいんですよ」

そう言い続けてその紹介した人が成功すれば、あなたに感謝する。

人は、自分の才能や能力や魅力を磨こうとしたり、

努力して認められようとしたりする。

評価されなかった人は、腐ったり妬んだり、文句や愚痴をいったり、

自分よりもてはやされている人の足を引っ張ったりする。

才能も能力も魅力も、

自分よりすぐれているなら「いいね」と、認めなくてはいけない。

いろいろな角度から人をほめたり、

認めたりすればいい。

でも、評論や評価をしてはいけない。

それはとてもみっともないこと。

料理ができないのに料理の評論をすることは、

とても滑稽に見えてしまうから。

すごいことは、「すごい」と認めるだけでいい。

評論家気どりほどみじめな生き方はない。

周囲から「自分はできないのに？」と思われ続けるだけ。
ほめる、認める、絶賛するだけでいい。
それを続けてみるといい。

勝てない、差がある、自分に才能がない、
努力が足りていないと思うなら、
どんどん他人を認めてほめて、
周囲を喜ばせてみると、
流れは変わり、それは必ず力になる。
ほめられようと生きる前に、
ほめる生き方にもっと力を入れてみるといい。

馬を水場に連れてはいけるけれど、
水を飲ませることはできない

占っても、当たらないことがある。
悪いことをしたり、他人の足を引っ張ったりするような人、
積み重ねがない人は、良い流れに乗れないことがある。

でも、その人が流れを逃したら
次の作戦を考えてみる。
「習いごとをしましょう」
「同窓会に行きましょう」
「ジャズバーに行きましょう」
過去の前例から、
少しでも確率があるところをアドバイスして、
あとは本人がどうするか。
アドバイスは聞くけれど、
実際には行動しない人も多いもので。

「馬を水場に連れてはいけるけれど、
水を飲ませることはできない」
むかしからいわれている言葉だけど、
出た結果を教えることはできても、
最後は、その人がどうするのか。
本気で動くのか、聞き流すだけで終わるのか。
待つか動くかで、大きく変わる。

どんなことでも工夫したらおもしろくなる。
効率を考えて工夫するのか、
楽しさを求めて工夫するのか。
やり方はいろいろ。

恋愛だってそう。
工夫しないから不運を招いてしまう。
だから、できるだけの工夫をする。
だから、工夫をサボらない。
「恋愛がうまくいかない……」
そう嘆く前に、なにか工夫はした?

工夫しないから恋の成長がない。
工夫しないからつまらなくなってしまう。
工夫しないから飽きられてしまう。
だから、工夫する。

人生は工夫することがおもしろくて、
工夫しないとおもしろくないのが人生。

工夫しないと
おもしろくないのが人生

過ぎて去ったから、過去

過ぎたことは気にしない。
過ぎたことを後悔してもどうにもならないから。
反省する、心にとどめるのはいい。
同じ失敗を繰り返さないために、反省して、心にとどめておくことはいい。
でも、過去は気にしない。

過ぎて去ったから、過去──。
地球規模、宇宙規模で考えたら、すべてはどうでもいいことで。
もっと視野を広く、小さなことでクヨクヨしていないで、
「はい、終わったこと」
そう切り替えることが大事。

嫌なことや面倒なこともあるけれど、それに人生を支配されたら終わり。
いつでも前に、いつでも新しく。
時代はいつも前に進んでいるから。
些細なことを気にしない、過ぎたことを気にしない。
いいことも悪いことも、すべてはちっぽけなことだから。

過ぎてしまったことは仕方がない。
気持ちを切り替えて、一歩前に進めばいい。

SEPTEMBER

誰でも最初は
素人だから

誰もが最初は素人で、

わからなくて、

知らなくてあたりまえ。

だから学ぼうとしないと。

いまを全力で生きようとしないと。

いまできることに全力で取り組んで

生きていかなければならない。

最初からできないのがあたりまえと

開き直ってはいけない。

謙虚な気持ちで、

わからないことは素直に聞いて。

教えてくれる人、

アドバイスしてくれる人に感謝をして、

恩を返そうと一生懸命取り組めば、

自然と運の流れも、

人間関係も良くなってくるもので。

かわいげのない生き方はしてはいけない。

相手のことを考えて、

どんな人が好かれるのか、

どんな人がかわいげがあるのか考えて。

誰でも最初は素人だから、

一生懸命頑張ればいい。

「面倒だな」と思ったら、
どんどんスタートして前に進めばいい。
楽なほうへと進むから苦しくなる。
楽って、そんなにいいことではない。

「楽」と「楽しい」はまったく違う。
「自分も楽しいし、まわりも楽しい」をテーマに生きるといい。
どんな状況でも環境でも、
楽しもうとするといろいろな可能性が出てくる。
多くの良い思い出には、必ず面倒があって、
その面倒を乗り越えたからこそ、
楽しい思い出に変わっているだけ。
「楽」を目指してはいけない。

だから、いろいろな人と楽しむことを、
もっと楽に考えるといい。
便利がいいわけでもなければ、
楽がいいというわけでもない。
それが過ぎると、動かなくなるし動けなくなる。
行動しなければなにも変わらない。

まずはスタートして、動きながら楽しんでみる。
いろいろな壁にぶつかるし、面倒なこともある。
でも、面倒だからこそ受け止めて乗り越えれば、
どんどん人生は楽しくなる。

「面倒だな」と思ったら、スタートするとき

知らないことを嫌わない。
それだけで人生は変わる

僕は占いが嫌いだった。

嫌うほど詳しいわけでもなく、嫌うほど知識もなかったのに、

なにも知らないから、無知だからなんとなく嫌いだった。

実際に体験してから、「不思議な世界があるもんだな」と、

ひとつ視野が広がり、一歩前に進みはじめた。

嫌いがひとつなくなったから、人生が、世界が変わりはじめた。

それから「嫌いだな」と感じたら、「なぜ嫌いなのか?」を考え、

体験するまでは嫌わないことにした。

「知らないことを嫌わない」

それだけで人生は変わる。

嫌いなことを見つけて、そこになんの意味があるのかを考えてみる。

嫌いなところだけを見ていても、なにも成長がない。

無知だから、未経験だから、嫌いではいけない。

勇気がないだけ、行動力がないだけの、嫌いではいけない。

自分の可能性をなくし、人生をつまらなくしているのは、

自分で勝手に決めた「嫌い」かもしれない。

時間の使い方を、
思いっ切り
変えてみるといい

ときどきでいいので、いまの生活リズムを変えてみるといい。
時間の使い方を、思いっ切り変えてみるといい。

テレビをつけない。
ゲームをやらない。
ネットを見ない。

自分の自由な時間を無駄に使って、
それを、「楽しい」と思い込んでいる場合がある。
でもそれは、習慣化されているだけで、
離れてみたり、変えてみたりすると、
もっとおもしろいことや楽しいことを見つけられる。

自由な時間を自分でつくって、それを、なにに活かすのか?

無駄な部分を見つけて、削って、
他のことをする時間をつくるといい。
自分を成長させる時間をつくるといい。

本を読む時間をつくってみるだけで、人生は好転するもの。

学ぶ心がいちばん幸運を引き寄せられる

この先、不運なことが起きる。

ある程度の確率で、それは当たる。

でも全部を僕は教えないことがある。

不運や悪いことは

経験しないとわからないし、

避けてばかりいては、

人は強くならないし、

鍛えられない。

そこでなにを学習するか。

これがいちばん大切。

あ〜運が悪かった、最悪だ〜、で

終わらせるから繰り返す。

なぜ不運なんだろう?

なぜ不運に感じる?

なんで良くならない?

よく考えてみると、原因がどこかにある。

それを学ぶために不運があると思うといい。

他人が悪いと責めている間はなにも変わらない。

不運は永久に繰り返す。

決断したのは自分。

不運から学びましょう。

学ぶ心がいちばん幸運を引き寄せられる。

迷わず動けば、
運も味方する

迷ったら進むといい。
迷ったままではすべてが止まる。
迷ったら進んで、またまた迷って、
そして、また進むといい。
どうせ迷うなら、前に進んだほうがいい。

「今日はなに食べたい?」
「うーん、なんでもいいよ」
それでは良くない。
自分の判断力が低下して、迷う人になる。
自分で食べたいものくらいは、
3秒以内に判断できたほうがいい。
そこに迷いがなくなるから。

これはひとつの訓練。
その瞬間に、自分の思いを言葉にして出せるかの訓練。
「なに食べたい?」はいきなり与えられた訓練。
3秒以内に判断できたほうがいい。

答えはいつも同じでいい。
「ラーメン!」「焼肉!」「お寿司!」
重要なのは、それを瞬時に言葉にして出せるか否か。
迷わないための訓練だから。

判断力を鍛えるために、占いの力を借りるのもいい。
ラッキーフードを答えて、迷わず前に進むといい。

運は前に進む人に味方する。
迷わず動けば、運も味方する。

「悲しみの理解」をする

誰かを喜ばせることや

楽しませることはもっとも大事なこと。

誰かが悲しいと思うことをしない。

これをいったらあの人が悲しむ。

これをしたらこの人が悲しむ。

「あの人が悲しむのでは？」と、ふと立ち止まることが大切で。

楽しいから、おもしろいからの感覚だけで、

自分本位な人がいる。

自分のことだけ考えて、自分中心でしか生きられない。

自分では思いやりがあり、いい人だと思い込んでいるけれど、

実はまったくそうではない人もいる。

そこに欠けているのは、

「悲しみの理解」。

楽しみにかき消され、「誰かが悲しむのでは？」という気持ちがない。

その気持ちを心にとどめておくといい。

自分の行動や判断で誰かを悲しませないように。

誰もがみんな、

他人や自分を喜ばせるために生まれて、

生きている。

優しい人はなにもいわない。

優しい人はぐっと我慢する。

優しい人は態度に出さない。

優しい人は見守ってくれる。

その優しさに甘えていると、

誰も手助けしてくれなくなる。

いってくれない怖さ、なにもいわない怖さ。

いわれないから「そのままでいい」、

いわれないから「自分が正しい」と思ったら大間違いで、

いってくれるような生き方ができていない自分に、

早く気がついたほうがいい。

注意をされやすいように生きる。

叱ってくれやすいように生きる。

怒ってくれやすいように生きる。

本当は、こちらの生き方をすることが大事。

すべての人は他人がいるから生きていて、

他人のために生きている。

他人の優しさに甘えているから苦しくなる。

他人の優しさに敏感にならないから困難がくる。

他人の優しさに甘えてはいけない。

いちばん怖いのは、優しい人。

それを忘れると痛い目に遭うのは自分。

そこに、早く気がついたほうがいい。

優しい人が
いちばん怖い

苦労なんてしていない。
なまけて楽をしているだけ

人間はどんどん楽をして、どんどんサボってしまう生き物。
自分がなまけていることに慣れ過ぎて、
周囲に不満や文句をいっているだけ。
思い通りに進まないからと不満を溜めるような、
そんな、愚かな生き方をしてはいけない。

ほとんどの人は苦労なんてしていない。
スーパーに行けば野菜も肉も魚もある。
洗濯は洗濯機、掃除は掃除機、
生きている限り楽なことしかない。
世の中には便利しかない。

問題は、便利過ぎてなまけグセがついていること。
なまけないように、楽で便利な生活から離れてみるといい。
家庭菜園でもいいので野菜をつくってみる。
動物を飼ってみる。
釣りにいってみる。
サトウキビ畑を見にいってみる。
なんでもいいのでもっと知るといい。
知れば知るほど、
どれほど自分が苦労していなくて、なまけて楽をしているかがわかる。

すべてに感謝を忘れている。

ごはんを食べるときに手を合わせて「いただきます」。

食べ終わったら「ごちそうさま」。

それを本心からいえるように生きたら、不満や文句もきっとなくなる。

エアコンでも鉛筆でも、ティッシュ 1 枚にでも、感謝はできるもの。

ほとんどの人は苦労していなくて、なまけているだけ。

早くそれに気づいて、感謝して生きるといい。

人生は、自分次第ではなく他人次第

人生は、自分次第ではなく他人次第。

チャンスや運を持ってくるのは他人。
自分の才能を評価するのも他人。
他人がいるから自分が成り立つ。

「自分のタイミングで」なんていっていると、
タイミングもチャンスも逃すから注意が必要。
自分からの「ここでお願いします」ではなく、
他人からの「はいここで！」といわれたときに
結果を出す人がチャンスをつかめる。

チャンスをどうつかむかは、
他人とのコミュニケーションによって左右される。
信頼を得て信用してもらえれば、
自分にちょうどいいタイミングで
相手もそのチャンスを用意してくれる。

自分では「まだ早い」と思っていても、
他人からは「少しくらい失敗してもいいよ」と
期待されて巡ってくるチャンスもある。
「自分のタイミングで」と思っている人は
そのチャンスをピンチに感じてしまう。

人生は、自分次第ではなく他人次第。

不運や不幸や不満や、思い通りにならないことにだけ
注目して生きてはいけない。
イライラする、嫌だなあ、面倒だなあ……、
そんなことは多かれ少なかれあるもので。
なぜそこに焦点を当てて、限りある人生を過ごすのか?
とてもとても、もったいない。
明日、生きている保証もないのに。

日々を全力で一生懸命に生きる人は、些細なことなんて気にしない。
いま生きることに一生懸命になればいいだけ。
不満ばかりに焦点を当てるのは、暇で不要な時間があるからであって。
人間は、暇だとろくなことを考えない。

限りある人生を、命を削ってまで、
イライラしたりムカついたりするのは無駄。
もったいない時間は使わない。
もったいない命の使い方をしない。
もっと、自分も他人も笑顔になることに注目して、
生きたほうがいい。

もったいない命の使い方はしない

自信に変わるまで
歩き続ければいい

「失敗したから自信がなくなった」
それは本当のことだろうか?

あなたには、自信なんてもともとなかった──。
成功するから自信がつくのではない。
どれだけ失敗をしたのか、
どれだけ、失敗を乗り越えたのか、
その経験が自信につながるもの。

「自信がなくなるから挑戦しない」
それでいいのだろうか?
たくさん挑戦すれば、失敗も増える。
身に沁みてへコんで、二度と繰り返すまいと
失敗のパターンを覚えれば、逆に成功のパターンが見えてくる。
自信はそこから生まれていく。

失敗して傷ついて、痛い思いをするから
人は学ぶことができる。
痛みに臆病にならずに、失敗を繰り返す。
自信の数は、痛みの数で決まるから。

失敗なんて何度してもいい。
前だけを見て歩いていけばいい。

自信に変わるまで歩き続ければいい。

偉くなった自分を想像できる人が、偉くなる

結婚式や披露宴、お堅いパーティーなどいろいろな席で、
挨拶や乾杯の音頭を取る人がいる。
このときの話をしっかり聞いている人が
偉くなる人、仕事ができる人。
偉くなる人はしっかり人の話を聞くから。さらにいうと、
「自分もその立場になる可能性」をしっかり想像できているから。
偉い人ほど挨拶や会話をしっかり聞いて、
良い話や使えそうな話、良い挨拶などを
少しでも取り入れようとするもの。
自分のパターンと他人のパターンの違いを分析するもの。

話のうまさは、生まれつきのものではない。
上手に話すためには、何度も試行錯誤しなければならない。
人前で話をすることは本当に難しい。
上手に流暢に、さらにおもしろく話すためには、
人を惹きつける言葉選びをしなければならない。
偉くなる人や、仕事ができる人ほど、
挨拶をする場に出席することが多いので、
自然と挨拶がうまくなる。
挨拶を聞けばどれくらいの人か見えてくるもの。
結婚式や披露宴、忘年会など人の集まる場所での挨拶は、
しっかり聞くようにするといい。
自分もその立場になる可能性があり、そのときに役立つから。

偉くなった自分を想像できる人が、偉くなる。

お互いに
してあげることが幸せ

仕事の愚痴をいう人は、
本当はもっと自分のやりたいように
仕事をしたいだけの人。
本当は仕事へのやる気があるから
愚痴が出るだけ。
「死にたい」という人ほど生きたくて仕方がない。
自分を表現する方法がなかなか見つからないだけ。
「心が病む」という人ほど自我が強く、
意地っぱりな頑張り屋で、
他人をほめることに不器用な場合が多い。

すべてが一緒ではないけれど、
人の悩みや不安は似たようなものばかり。
解決方法も同じだったりする。
時代の変化や環境もあるけれど、
自分の力をつけて、自分のできることをできるだけやって、
さらに他人のためになにができるか。
人にもっとたくさん会って話してみるといい。
人の集まる場所で人と話してみるといい。
変えられない過去にこだわっても仕方がない。
変わらなくてはならないのは己だから。
自分が変われば、いまも未来も世の中も変わるもの。

幸せの語源は、「為（ため）し合わせ」。
お互いにしてあげることが幸せ。

己が苦労に感じることは、己に必要だから直面しているだけ。

子どものころに、かけ算の九九が苦手で苦労したのは、

それは生きていくために必要だから。

その苦労が必要なのか、

そもそもそれは苦労と呼べるのか、

少し考えてみるといい。

それは苦労ではなく必要なものだから。

苦労を不運や不幸だと思い込んでいると、

それは、さらなる大きな苦労に変化してくる。

苦労が不運とは限らない

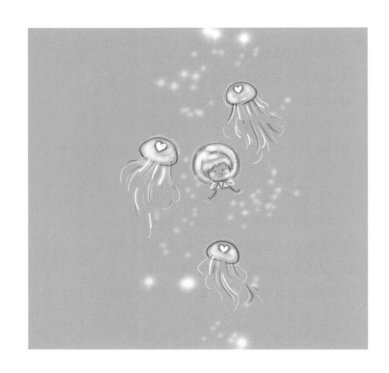

苦労を感じたら、「いまの自分に必要だから」と、
そう受け止めなければ、もっと大きな苦労がやってくるだけ。
苦労を楽しんでしまう人が最高に強い。
どんどん苦労を乗り越えようとすると、
とんでもない力を身につけることができる。

大事なのは、「苦労を乗り越えよう」と思うこと。
苦労を苦労のままで終わらせてはいけない。
「こんな苦労なんてへっちゃら！」といえるくらい、
苦手なことや面倒なことを
乗り越えられるように生きるといい。
それは仕事でも人間関係でも同じこと。
苦労は、己に必要だからやってくる。
その苦労を乗り越えたらレベルが上がる。

つねに苦労はともにあり、
苦労を楽しみ、苦労と闘わなくてはならない。
大きな苦労だと思って避けていると、
本当は小さな苦労なのに、
大きく、乗り越えにくくなる。

苦労だと感じた瞬間こそ、乗り越えやすいもの。
その苦労は自分に必要だからやってきているだけ。
乗り越えようと強く思う気持ちが大事。

ゆがんだ心と
ひねくれた心では

ゆがんでひねくれた心を持つほど、つらい人生はなく。
ものごとを違った角度で見ることと、ひねくれて見ることとは大きく違う。
恵まれて幸せなのに幸福を感じないで、
ゆがんでひねくれて、身勝手に不満を膨らませて、
時代、他人、お金のせいにして、どんどん腐っていく人がいる。

他人の責任にするみっともない生き方をする人には、
運も他人も誰もなにも協力をしない。
すべてのチャンスを逃したのは、自分が学ばなかっただけ。
ほかの人はもっと一生懸命に生きている。
自分の「頑張っている」などその程度だと知って、
真剣に生きたほうがいい。

ゆがんだ心とひねくれた心では、本当の幸せを感じることができない。
言い訳ばかりをしている人生に、そろそろ、自分自身が飽きたほうがいい。
自分で人生を変えるしかない。
すべてのことに真剣に感謝して、
善意を持って行動して、見返りを求めないで生きるといい。

ゆがんでひねくれた心では、
本当の幸せをつかむことも、見ることも、感じることもできないもの。

この本はいったいなにをいいたいのだろう？

この映画はなにを伝えたいのだろう？

この芝居が表現しているのはどんなことだろう？

ものごとの本質をどうとらえるかは、すごくすごく、大事なこと。

たとえば、落語の『寿限無』は

ただ長い名前そのものをおもしろがる話ではなく、

子どもにいい名前をつけたくて

どんどん長くなってしまうという「人の欲」の話。

本質はそこにある。

どんな物語にも本質がある。

どんなものごとにだって本質がある。

そこにある本質をどう見極めるのか、

そこにある本質をどう見抜くのか、

そこにある本質を知ってどう感じるのか。

感性を豊かにして、

本当に伝えたいことを理解できれば、

生き抜くコツが見えてくる。

どんなものごとにも
本質がある

生きているだけでも
十分に感謝できる

むかしの人は服を洗濯板で洗っていた。

それを、外に干していた。

いまは全自動洗濯機があり乾燥までしてくれる。

むかしはわざわざ相手先に行って商談した。

いまはメールで商談を済ますこともある。

むかしは調べもののために資料室までいった。

いまはネットで調べものを済ませられる。

むかしと比べたら、いまは格段に便利になっている、

楽になっている。

本当に便利になっているのだろうか？

本当に時間を有意義に使えているのだろうか？

本当に楽になっているのだろうか？

科学がすごく進歩したことで、

本当に便利で楽で暇になっているのだろうか？

いろいろなことが便利になって楽になって、

それがあたりまえになって、

当然になって普通になっていることが、

どれだけすごいことかをみんな忘れてしまっている。

むかしがいいわけではない。

いまが本当に便利で楽で

良い方向に進んでいるはずだから。

ものも情報もあふれている時代だから。

だからこそ、心とか目に見えないことを大切にしないと。

便利が便利かどうか、

幸せが幸せであるかどうか

わからなくなっている人がいる。

生きているだけでも十分に感謝できる。

生きていることへの感謝を忘れてはいけない。

チャンスはチャンスに

人生には、突然チャンスが訪れることがある。
このチャンスを
「最高なもの」にするのか「最悪なもの」にするのかは、
毎日の積み重ねがものをいう。

地道にコツコツやっていれば——
真面目に正しく努力を続けていれば——
見合った結果が手に入り、あなたがたどり着きたいところへ
きっと向かっていける。

他人まかせに生きて——
他人の手柄を自分のものにして——
実力をつけずになんとなくやってきて——
そんな人は、チャンスがピンチになってしまう。

結婚式の挨拶をしっかり聞く人は偉くなる。
「もし自分がスピーチを頼まれたらどうしようか」
そう思っていつもしっかり話を聞いている人と、
自分に関係ないからと話を聞き流していた人では、
実際にスピーチを頼まれたときにまったく違う結果が出る。
スピーチの依頼は突然やってくる。
チャンスも、突然やってくる。

チャンスはチャンスに。
チャンスをピンチにしないように。

自由に生きたいと思うなら

自由に生きるということは、すべての人と仲良くなるということ。
お金を持てば持つほど自由ではなくなる。
心に少しゆとりができるだけで、それは自由ではない。
逆に不自由を味わうことになるだけ。

不自由を楽しむこともまた自由のひとつ。
ただ、生きている限りいろいろな人に出会う。
人に振り回されて、人に左右されて、
人の決断のなかでわたしたちは生きている。

でも、すべての人と仲良くなればいい。
好き嫌いを完全になくせるくらい、いろいろな人と仲良くなる。
もっとすべての人と仲良くなる。
深いつきあいをするのではなく、表面的でもいいから仲良くなってみる。

すべての人と仲良くなるために、
どんな生き方をして、どんな服装やしゃべり方をするか、
なにを話してどうすることがいいのか、
いろいろなことを試して、
いろいろな人に会うといい。
日々、自由に生きられるチャンスは誰にでもある。
自由に生きたいと思うなら、
すべての人と仲良くなる覚悟が必要。

完璧はない

完璧な人間はいない。完璧な仕事をできる人もいない。

人間は必ずミスをする生き物だから。

「わたしは完璧。ミスなんてしない」

それはテレビドラマのなかだけの話。

そんな考えはやっぱり愚かで、人としての成長を止めるだけ。

かつて、あるボクシングの世界チャンピオンを占ったことがある。

すると彼はこういった。

「僕のダメなところをいってください」

「それはなぜですか?」と僕。

「僕にはまだ隙がある。だからダメなところを知りたい」

彼は世界チャンピオンなのに。

知り合いの有名な漫画家は、担当編集者に作品のダメ出しをお願いする。

「人間は完璧ではないから」

それが理由だという。

自分の欠点や弱点をしっかり受け止め、

いまよりもすごくなるために、いまよりも強くなるために、

いまの自分が完璧でないことを認める。

でも、ほとんどの人は、占いでこう聞く。

「わたしの良いところはどこですか?」

それでは完璧までにはかなり距離がある。

完璧を目指しても完璧にはならない。

でも、完璧を目指さなければ完璧に近づくことはできない。

できないことはできません

人の知っていることなんか、たいしたことがない。
ほとんどの人がなにも知らない。
知ったふりをしているだけ。

「できないことはできません」と
白旗を上げればいい。
わからないならわからない。
恥ずかしいと思うから、
どんどんなにもできなくなる。
知らないことは恥ではないから。

人ひとりの情報の限界と
得意不得意があるから、
「知らないから、わからないから教えてください」

これくらいは素直にいえるようになることが大切で、
それがいえないプライドや自我はないほうがいい。

お願い上手になれば、
自然に知識や情報も増えて、
自然にコミュニケーション能力も上がる。
なにより素敵な出会いのチャンスも増えるから。
困ったときに助けてくれる人はいい人が多いから。
頭を下げたり、白旗を上げれば、
簡単に見つけられるから。

人間の悩みの多くは人間関係にある。
そのなかでも、他人に過度に期待をしていると、
イライラやがっかりやヘコむことがある。
よく考えてみるといい。
イライラやがっかりやヘコむ前に、
「その人に期待した自分がバカだった」と。

他人に期待したいのが人間。
でも、人生は思い通りには進まないものだから、
自分を成長させて知恵をつけないと、
自ら面倒な人間関係に飛び込んでしまうことがある。
他人に期待できた「優しい自分」をほめて、
イライラしない、がっかりしない、ヘコまない。

過ぎたことは仕方がないから、
次の面倒には飛び込まないように、
前向きに生きる。

そして、他人に期待してはいけないけど、
己は期待されるように生きるといい。

些細なことにイライラしたときは、
「期待した自分がバカだった」と思うといい

「1+1=」の計算に運は必要？

「1+1=」の計算に運は必要？
そう聞かれたら、
「運は必要ない」と多くの人が思う。
受験や勉強やテストに運は関係ない。
「運気が悪い」「運が良くない」と
簡単に口に出せば出すほど、
本当は「1+1=」程度の
ことかもしれない。

学習していなければ、不運や不幸や困難や壁に感じることもある。
でも、それらから学べばいい。
学習して繰り返せば、ほとんどが簡単になる。

人間関係も、仕事も、恋愛も、生き方も、
実はすべて簡単なことなのに、自分で難しくしているだけ。
「自分はわかっています」的な空気を出したり、
「教えてもらわなくてもいい」的な態度でいたりしたら、
周囲の人は
「できるんでしょ」「あの人には教えたくない」となってしまい、
できないまま放っておかれることになる。

どうすることで他人が生きやすく、自分も心地よくなれるのか。
誰とでも仲良くなれるように生きられれば、なにもかも楽になる。
問題は自分で勝手に難しく感じていること。
不運ではないことに早く気がついて。

教えてもらえるような姿勢でいて、
相手がいいやすい空気をどうつくるのか。
知っていることを教えてもらっても
「そんなの知ってるよ」ではなく、
「あらためて教えてくれてありがとうございます」と、
いえるような人になること。
次になにかを教えてもらえるような、素直な生き方が、とても大事。

「好き」を手放し、「好き」を超えよう

「好き」だから続ける。
「好き」だからはじめる。
「好き」だからの
パワーは非常にいい。

でも、それが本当に
「好き」なことで、
あなたの人生にプラスに
なっていること?

「好き」だけでは続かない。
「好き」だけでは努力できない。

恋愛だって、
「好き」だけではうまくいかない。
「好き」だけでは
「愛」にならないから。

「好き」は入り口でしかない。
だから、「好き」だけではいけない。

「好き」を手放し、
「好き」を超えよう。

楽しんで、おもしろいことを、
好きなことを続けているだけでも、
他人が「努力している」といえば、それが努力ってもので。

どんなに頑張っても、必死に真剣に取り組んでも、
サボっている、甘えている、手を抜いていると思われたら、
それは、努力でもなんでもないもので。
自分は頑張っている、自分は努力しているなどと思う必要はなく、
自分の好きなことや楽しいことを極めてみるといい。
努力した人は、努力した人を見つけられる。
努力していないから、努力した人を見つけられない。
頑張った人には頑張った人がわかるもので、
頑張らないから、頑張る人に会えない。

本当に日々を真剣に生きたら、
愚痴や不満や文句などは出てこないもので。

自分の喜びのためだけの頑張りは、
誰からも認められない。
そこに他人の喜びがあるから、
本当の頑張りだと認められるもので。

頑張らなくてもいい、努力しなくてもいいから、
自分の好きなことで
他人を喜ばせられるように。

他人から努力していると
思われなければ、
努力ではなくて

上品に生きる

品とはなにか——
占いで「鏡を磨くと運気が上がる」と伝えることがある。
そのとき、なにも考えずに、ただ鏡を磨けばいいわけではない。
他人から見える自分をイメージして、
乱れた部分や汚れているところはないか
チェックしましょう、ということ。

自分の挨拶やお礼や身なりに、「品」があるのかを気にかける。

品がない人は、お金に苦労する。
品がない人は、誰からも憧れられない。
品がない人は、誰からも愛されない。

品とは相手を思いやることであり、
お礼を忘れないこと。

人生がうまく回っていなければ、
自分の品を意識してみるといい。
品のある人の所作を
観察してみるといい。

まずは行動することだけが大切で、
考えてもそれは無駄な時間で。

考えて答えが出せた人などいないから、
行動して失敗をして、そこから学ぶことを繰り返す。
同じ失敗を繰り返さないように、想像力を膨らます。

考えることと想像力を身につけることは少し違う。
良いことも悪いことも想像してから行動をする。
自分の想像の範囲内なのか、想像以上のことがあるのか、
それを嫌だと思うのか、それを楽しもうとするのかで大きく違う。

待っていてもなにもこないから、
自分で行動して体験することに価値がある。
大切なことは、
誰も体験しなかった経験が重要になってくる。
自分しかわからないこと、自分しか感じられないこと、
それは価値になる。
そのためにも、まずは行動を。
そこからなにを経験してなにを得るか。

面倒なことに幸福があり、
楽なところには苦労しかない。
日々行動して前に進めばいい。

考えてもそれは無駄な時間

心配や不安を感じているなら、
心配や不安を感じている人に、
手を差し伸べてみるといい。

不幸や不運を感じているなら、
不幸や不運を感じている人に、
手を差し伸べてみるといい。

自然と心配や不安がなくなり、
不幸や不運を感じることがなくなっていくもの。

問題なのは、
自分のことしか考えていないこと。

いつも「楽しい」。
そんな人生はなく。
いつも「幸せ」。
そんな人生もなく。

他人を思う気持ちを持って生きることで、
「楽しい」や「幸せ」はやってくる。

心配や不安を感じている人に、
不幸や不運を感じている人に、
手を差し伸べてみるといい。

手を差し伸べてみるといい

9

どうにもうまくいかないと思った人が、
自分に求められていることを素直に受け止めて、
前向きに頑張れば、
良い結果につながる可能性が高くなる。

どんな仕事も前向きに楽しくやり続ければ、
それは、自分だけでなく周囲にも伝わるもの。
自分に与えられたなら、
どんな仕事でも、
その恩を感じて
前向きに楽しくやり続ける。

求められることの幸せを忘れてはいけない。
感謝と恩を感じる人がポジティブに、
前向きに生きるから、
周囲が助けてくれる。
志や責任を背負って
ポジティブに生きるから、
良い流れがくる。
流れを引き寄せられるから、
運も味方をしてくれる。

ネガティブでもポジティブでもいいけれど、
感謝と恩を忘れぬように。

感謝と恩を忘れぬように

10

OCTOBER

縁っておもしろい

「これもなにかの縁」
どんな人に対しても、そう思ってみるといい。
電車で隣に座った人、道ですれ違った人。
すべてはこの時代、この時間、
このタイミングでしか隣にいない、
すれ違ってもいない。

いろいろな縁がつながらないと、会うことはない。
そう思うと人生はとてもおもしろい。
数々の出会いのなかで話す人、仲良くなる人、
連絡先を交換する人、ごはんを食べる人、
人生を語り合う人、
一歩踏み込んだ関係になる人などとは、
とてもすごい縁がある。

「縁でもなんでもない」
そう他人を見て生きているのと、
「これはなにかの縁だな」
そう思って日々生活するのでは、
人生観がまったく違うものになる。
もっと他人との縁を楽しんで。

「いまこの瞬間だから、この人が存在して、
自分がいる」と思えれば、
嫌な人や面倒な人もいるけれど、
これもなにかの縁でおもしろい。
少し違っただけでつながらなかった縁を、
もっとおもしろがって。

人っておもしろい。
縁っておもしろい。
そう思うと、
人生はもっとおもしろくなる。

察することができるように
生きるといい

察することは大切で、
なんでもかんでも口に出せばいいわけではない。
「いわれないとわからない」
そんなことを口に出すほど鈍感に生きてはならない。

察することは優しさだから、
言葉に出さなくても親切にしてくれたり、
距離を置いてくれたりする人もいる。
優しい人がいちばん怖いということを忘れてはいけない。
本当に優しい人は簡単に口には出さない。
優しいから受け止め、ぐっとこらえて我慢をする。
相手に不満を伝えることもなく、
「この人は察することができないんだな」
「この人には伝わらないんだな」
そう何度も思ったら、スーッとその場からいなくなる。
なにもいわないまま、なにも忠告してくれることなくいなくなる。
察することのできない人から自然と去っていく。
それに気がつかない人がいる。
その人がいなくなったのは、
裏切ったからではなく、
己が察することができなかったから。

学ばなければならないのは察することなのに、
いわれないとわからない。
なんでもいえるからいいわけでもない。
いわなくていいこともある。
いわないから伝わることもある。
察することができるように生きるといい。

運のいい人の演技をすると運が良くなる

すべては演技でいい。
演技力が人生を大きく変えるから。

ポジティブな演技をすると、
本当にポジティブになってくる。
前向きな人の演技をすると、
本当に前向きになってくる。
勇気ある人の演技をすると、
本当に勇気が出てくる。

いい人の演技をする。
度胸ある人の演技をする。
モテる人の演技をする。
親切な人の演技をする。
魅力ある人の演技をする。
お金持ちの演技をする。

運のいい人の演技をすると運が良くなる。

「ながらスマホ」は
不運を招いていることに
早く気づいて

他人の撮った写真を見ても、他人の撮った動画を観ても、
人生を無駄にするだけで。
見ないほうが、自分の時間が使えるから。
自分の人生に役立つ本を読んだり、
人と話したり、人と会ったりするほうが、
どれほど価値があり、学べることが多いかを、
どれだけの人が知っているのか。

つまらない人生を送らないようにするためにも、
時間の使い方を大事にしたほうがいい。
暇潰しをしているのではなく、
暇をつくって自分で時間を潰しているだけ。
限られた命を無駄に使っているから、どんどん差がついていく。

ストレス発散、自分が楽しい、いまが良ければいい。
本当にそれが幸せにつながることなのか。
無駄な時間を削ることと、しっかり休む時間をつくることは大きく違う。
「ながらスマホ」は不運を招いていることに早く気がついて。
いま自分がやらなくてはならないことに
もっと真剣に取り組んでみて。

本当に偉い人は
偉そうにしない

役職が先で、人はそのあとに成長するもの。

本当に偉い人は偉そうにしない。
仕事ができない人ほど偉そうにする。
偉そうな人に出会ったら、「仕事ができない人だ」と思ったほうがいい。
偉くなればなるほど、真剣に仕事をすればするほど、
人とのつながりを実感して、
自分ひとりではなにもできないことくらい、簡単にわかるものだから。

もっと偉くなると、さらにそれがわかり、

偉くなればなるほど、他人をコントロールしたり、

他人を育てたりする大変さを知る。

偉い人ほど、上手に相手をほめたり叱ったり、

上手に人を乗せたりすることができて、

なによりお願い上手であることが多い。

自分ができないことは、得意な人にお願いをする。

それは社会で生きていれば当然のことで。

役職はその人を育てるもので、育てるためにつけるもの。

仕事ができるから役職がつくのではなく、

仕事にもっと真剣に取り組んでほしいから、つけられる役職もある。

そこを勘違いして、「偉くなった」と思って偉そうにする人がいる。

本当は違うのに、成長させるための役職なのに。

その名に恥じない努力ができているのか?

その役職に本当に値するように日々努力しているのか?

偉そうに生きてはいけない。

偉い人というのは、本当はいないのだから。

すべての人はつながって、すべての人は互いに支え合っている。

偉くなればなるほどそれがわかるもの。

役職にあぐらをかかないで、

役職に恥じない自分を育てるように。

外見だけで判断して恋する人は2割。

才能に惚れる人は2割。

楽だから好きになる人は2割。

生活の安定を考えて好きになる人は2割。

ノリが合うから好きになる人は2割。

恋はいろいろなところではじまっていく。

誰もが自分の外見にとらわれてしまうけれど、

美人やイケメンを全員が好きなわけではない。

人には好みがある。

「自分は外見に自信がない」と思うなら、

やれることはたくさんある。

清潔感を大事にする、仕事の才能を磨く、

気楽な人になる、明るい人になる、

優しい人になる、笑顔が素敵な人になる……。

やれることはたくさんある。

だから、勝手にあきらめないこと。

外見を磨き続けなくてもいい。

外見は「誰か」にまかせて、やれることはたくさんある。

違うポイントで好きになってくれる人を

見つければいいだけ。

人が好きになるポイントをいろいろ知れば、

楽しく恋ができる。

人が好きになるポイントをいろいろ知れば、楽しく恋ができる

「なにかができない」
ということは、
「なにかができている」
ということ

完璧な人はいないし、
バランスが取れている人もいない。
どんな人でも必ずどこか偏りがある。
陰があれば陽がある。
表があれば裏がある。
なんでもやろうとするから、
なんにもできなくなる。

余計なことを覚えるから、
無駄な情報を知り過ぎるから、
不要なプラスを覚えるから、
不要なマイナスも増える。
なんでもできる、
なんでも知っているは
なんにもないのと一緒。

「なにかができる」ということが、
「なにかができない」ということならば、
「なにかができない」ということは、
「なにかができている」ということ。

人生は楽器を弾くことと同じ

いまを生きながら未来を生きている。
過去の積み重ねがいまになっている。
未来を変えるためには、いまという過去をどうするか。

明るい未来はない。
でも、明るくできる未来はある。
自分がいまから未来を明るくするために、
どう努力するかが重要なだけ。

現状に不満があるのはすべて自分の責任で。

それは、過去の自分の判断や、積み重ねや努力が不足しているだけ。

その失敗から学んで、未来のためにいま、自分はなにをするのか。

どう行動して、なにを決断して、なにに覚悟して生きていくのか。

いまのまま、なにもせずに現状維持ばかりでは、

未来はいまと変わらない。

小さなチャレンジをして、

もっと自分を成長させる努力を続けてみると、

人生は簡単に楽しくなる。

楽器を弾くことができると本当に楽しい。

でも、弾けるようになるまでが苦しくてつらい。

弾けないときでも楽しんで、少しでも思い通りに音を出せたことを

コツコツ積み重ねるから楽器が好きになる。

好きになるから、さらに好きな音楽が弾けるようになる。

楽器が弾ける前に投げ捨てないで。

楽器が弾けるようになるまでは大変だけど、そこも楽しむといい。

未来に楽器が弾けるイメージを忘れないように。

人生はまだまだ楽しめて、もっともっとおもしろがることができる。

おもしろくなる前がつらくて面倒で苦しいもの。

人生は楽器を弾くことと同じ。

あなたの人生はもう少しで、楽器が弾ける手前かもしれない。

運動をする人は運が動いてくる

精神力があることと
体力があることは、
同じような感じがする。
体力があれば、
心にもゆとりができるし、
心にゆとりができれば、
体力づくりもできる。
体力をつけるためには
日々の努力が必要で、
精神力がいる。
精神を鍛えるなら、
なんやかんや考えるのではなく、
体力づくりをしてみるといい。

動く人に運が巡る。
動くためには体力がいる。
体力をつけるためには
精神力がいる。
「運＝体力＝精神力」
運動をする人は運が動いてくる。
動かない人には運もこない。
運動、よくできた言葉だな～。

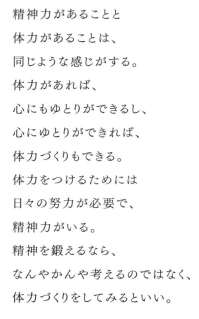

お互いに悪気がなくても、
問題は起きてしまうもの。
目的の違いや考え方の違いもあるけれど、
優しさを基準に考えてみれば、
その先にある答えが見えてくる。

言い方が悪いのか?
伝え方が悪いのか?
なんでそうなったのか?

そこでいちど、優しさを基準に考えてみる。
それでも足りなければ、
もっと優しく考えてみる。
相手のことを思って、自分のことを思って、
「優しさ」の視点で見てみる。

優しい考え方を——。
優しい想像力を——。
もっと、優しく生きてみる。

「優しさ」の視点で見てみる

少しずつでもいい、
ゆっくりでもいい

僕は立派でもなく完璧でもなく、
世の中のことをすべて理解している人間でもなく、
至らない点も多く、欠点や弱点も多い。
だから、素敵な人に会うたびに、
「本当に恥ずかしいな……」
そう思って生きている。

でも、素敵な人にたくさん会うといい。
どこか表面的な人も、性格が合わない人もいるけれど。

しっかり他人を見るとか、
しっかり人間を観察するとかはとても重要。
自分よりも優れている部分を見つけて、
自分が恥ずかしいと思うことが重要。
少しでもいいから近づこうとしてみる。

急いで成長しなくても、少しずつでもいい、ゆっくりでもいい。
成長できると人生が楽しくなるから。
少しずつでもいい、ゆっくりでもいい。
成長できると人生が良い方向に進んでいくから。

他人と比べることはない。
いま、そこにいるのが自分だから、
素直にありのままの自分を受け止める。

そのままのあなたでいいけれど、
成長はすること。
一歩でも前に進もうとすること。
あなたがあなたのままでいいというのは、
なにもしないでなまけていいということではない。

そのままのあなたでいいけれど、
他人を傷つける生き方はしてはいけない。
自分のことをかわいいと思うなら、
自分のことを好きになった人を、
もっと好きになって大事にすればいい。
自分も好きで、人をもっと好きになれる人は、
自然と愛されるから。

あなたはあなたのままでいいけれど、
あなたがあなたのままでいられるために
どんな努力をして、なにをあきらめて、
いま、なにをすべきか――。

あなたはあなたのままでいい。

あなたはあなたのままでいい

想いを込めて生きる

僕は、いろいろな舞台を観る。

なにを伝えたいのか、

そこにどんな想いを込めているのか、

それを感じたくて観にいっている。

「これだけ練習しました。いいでしょう？」では、

芝居でも歌でもまるで心が動かない。

売れている人と売れていない人の差は、本当はそこにある。

心の底から、なにかを込めているのか。

なにを想い、なにを伝えたいのか。

時間というのはまさに命で。

他人が自分のために割いてくれる時間は

命そのものだと忘れていると、

本当に大切なことを見落としてしまう。

能力や技術のすべては、命を削って手に入れている。

時間を削ってもらうことに

どれほど感謝が必要なのかを考えないと。

それをわからないまま生きてはいけない。

世界を見渡せば、一生懸命な人ばかり。

頑張っている人と対等になりたいのなら、

自分も頑張らないといけない。

想いを込めて、

もっと想いを込めて、生きるといい。

「おかげさまで」と 自然にいえるような生き方が、 幸運を呼び込む

「おかげさまで」という言葉がどれだけ自然に出るのか。
「おかげさまです」と本心でいえているのか。

自分の力で生きていると思ったら大間違いで、
そんな人はいない。
持ちつ持たれつで、誰かのおかげで
人は生きていられる。

自分のことだけを考えて、
自分の生きることだけを考えているから、
いつまでも同じ苦労を繰り返す。
「自分は誰のおかげで生きているのか」を考えないと。

あなたは「○○のおかげで」と何度言葉に出しているか。
「おかげで」「おかげさまで」を自然にいえる人は大丈夫。
幸運を呼び込みたいなら、
「おかげさまで」を
自然にいえるような生き方をしていないと。

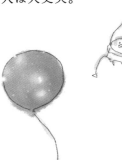

どんな人も、
つねに調子がいいわけではない

人は、調子のいいときもあれば悪いときもある。
つねに機嫌良く、気分良く過ごしたくても、
前日の疲れが残っていたり、
嫌なことや悲しいことがあったりもする。

他人に対して「なんだ、あいつは！」と腹を立てるよりも、
思いやれる優しさを持っているかどうかで、
人生は大きく変わってくる。
自分の求めたことが、完璧に人から返ってくると思ってはいけない。
小さなことを気にしても仕方がない。

つねに自分のイライラを探すような人がいる。ケチをつけたがる人がいる。
いつも小言をいいたい人がいる。なんでも文句をいいたい人がいる。
そう生きることが、人生をいちばんつまらなくするのに。

なにごとも気にしない、余計なことを口に出さないことも必要。
我慢ではなく、流すことを覚えたほうが、
人生はもっと楽しく生きられるから。
なんでもかんでも、ぶつかったりイライラしたりせずに、
己が人間的に成長すればいいだけ。
どんな人も、つねに調子がいいわけではない。
求めたことが返ってこなくても、流せばいいだけ。

同じものなのに、
どこを見るのかで人生は大きく変わってくる。

いまあなたが見ているものは、
もしかしたらおいしいドーナツかもしれない。
一歩引いて見ないからわからない。
冷静になれないから、
甘い匂いにも気づかない。
周囲を信じないから、
誰も教えてくれない。
あなたが見ているのは、
ドーナツの穴かもしれない。
穴ばかり見ていたら、
いつまでもドーナツであることに気づけない。

同じものをどう見るのか?
そこにないのではなく、
すでにそこにある。

人生とはそんなもの。

そこにないのではなく、
すでにそこにある

おもしろいを
探すくせが身につけば

「おもしろい」を口ぐせにすると幸せになる。
「おもしろい」をたくさんいうといい。
人生は、「おもしろい」といった数と
幸せが比例すると思う。

初めて会った人が冗談をいう人、
周囲を楽しませようとする人だったら、
「おもしろい人ですね」
「それ、おもしろいですね」
そういってみてください。

「おもしろい」といわれて
機嫌の悪くなる人はいないから。
なんでもいいから
「おもしろい!」という
口ぐせを身につけてみてください。
あなたへの評価も上がるし、
またあなたに会いたいと思わせられる。

「おもしろい」というだけで人脈が広がって、
人脈が広がれば、
恋のチャンスも仕事のチャンスも広がってくる。
おもしろいを探すくせが身につけば、
人生はもっとおもしろくなる。

具体的に生きるといい

その悩みや不安は具体的なのか。
その不満や愚痴は具体的なのか。
その疑問は具体的なのか。
人の話というのは
どこかフワッとしていて、
よく聴くと、
「うん？」となることのほうが多い。
「全然、具体的に話していないのでは？」と。

「運が悪いです」「最悪です」
そういう人がいるが、
「なにが?」「どんなことがあって?」
と具体的に話をしてもらわないと解決もしない。
反論や反発するのもいいけれど、
具体的なアイデアや、
具体的にどうしてほしいのか、
そこが抜けているとなにも変わらない。

どんな人でも、なんでもそうだが、
もっと具体的に話してみよう、
具体的に聴いてみようと意識する。
日々それを積み重ねると、
運もつかめるようになる。

なんとなく話しているから、
なんとなく生きているから、
なんとなく頑張っているから、
なんとなくしか運はやってこない。

もっと「具体的」を意識して、
具体的に生きるといい。

自分が恥ずかしくなるくらい、素敵な人がいる

生きていれば、
「素敵な人だな」と思える人に出会えるもの。

そんな人に会ったときは、
少しでもいいので見習おうと思うこと。
そう思えるだけで、人生は良くなる。

自分が恥ずかしくなるくらい、
素敵な人がいる。

素敵な人を見習って、
もっと素敵な生き方ができるようにするといい。
まったく同じにならなくてもいいから、
些細なことから真似をしてみるといい。
その気持ちを持つことが大切。
その気持ちを持てたことで、人生は良くなる。

自分が恥ずかしくなるくらい、
素敵な人がいる。

夢と希望があるから生きられるのが人間で、
確率で考えてばかりでは生きていけない。
夢と希望があるから挑戦できる。

歴史を振り返ってもそうだった。
確率だけで考えたら、織田信長は今川義元に勝てなかった。
確率だけで考えたら、西郷隆盛は江戸から明治にできなかった。
確率だけで考えたら、坂本龍馬は勝海舟に会えなかった。
確率だけで考えたら、人は身動きできなくなる。
確率だけで考えたら、人は臆病になる。
それを乗り越えようとする努力やパワーが、確率の壁を打ち破っていく。

どんなことでも100パーセントで成功する確率は存在しない。
そこには、必ずリスクがある。
確率は低いけれど、挑戦してうまくいくこともある。

数パーセントの可能性に賭けるから、
人生はおもしろいものになり、夢や希望も生まれる。
確率だけに惑わされないように。
可能性に賭けて生きるといい。

数パーセントの可能性に賭けてみる

厳しいことをいってくれる
優しさに敏感に

「厳しい」という「優しさ」を知らないでいると、
まったく成長しないままになってしまう。
厳しいことをはっきりいってくれる人は、本当はすごく優しい人で。

その言葉を誰のために発しているのかをしっかり聞かずに、
「怒られている」
「耳障りだ」
「自分に都合が悪い」
それでは、どうにもならない。

努力をしてこない人は、どんどん見放される。
そこをわかっていない人は、なにをしても成長しないし成功もしない。
なによりも魅力がない。
運だって味方してくれない。
ただ感情的になっている言葉なのか、
相手のための愛情のある言葉なのか、
その判断をしなければならない。
都合のいいことばかり聞いて、
都合の悪いことを無視して生きているようでは、
人生がうまくいくわけがない。
特にその世界で長くやっている人や、評価を受けてきた人の言葉なら、
すべてやるくらいのつもりでいないと。

厳しいことをいってくれる人にもっと近づいたほうがいい。
厳しいことをいってくれる人に定期的に会ったほうがいい。
厳しいことをいってくれる
優しい人の言葉を思い出して、
自分ができることを一生懸命やったほうがいい。
厳しいことをいってくれる優しさにもっと敏感に。

なんでも、程よく

人生を楽しんでいる人を、僕は尊敬する。
いつ会っても元気で明るくて前向きで、会うたびに勉強になる。
お金があるとかないとか、
好きな仕事をやっているとかは関係なく、
人生を楽しむことを忘れない人。
残念な出来事があったり仕事で失敗したりしても、
めげないで次を目指している人。

無理にポジティブに、無理にプラスに受け止めようとするのではなく、
自然とポジティブに、自然とプラスにするように生きている人。
己をわきまえていて、
「良い加減」なプラス、「良い加減」なポジティブな人。

そんな人に会うと、
「すごいなあ」「勉強になる生き方をしているな」と、
どうすればそんなふうに生きられるのか観察してしまう。

程よく人懐っこく、程よく明るく、程よく前向き。
程よく新しいことが好きで、程よく話し好きで、
程よく人をほめ、程よくほめられることがうまい。
程よくおもしろく、程よく苦労もしている。

なんでも、程よく。

傷つくたび、優しさの種を蒔く

人間にはふたつのタイプの人がいる。
傷ついて嫌な思いをしたから
他人に優しくなれる人。
傷ついて嫌な思いをしたから
他人を傷つけようとする人。

人は他人を簡単に傷つけてしまうことがある。
そして自分も傷つけられて、
優しく生きられる人になることもある。

人は他人を簡単に傷つけてしまうことがある。
そして自分も傷つけられて、
もっと弱い人を傷つけようとする人もいる。
さらに弱い人を見つけて傷つけようとする。
痛みがわかるなら、
他人にしてはいけないのに──。

傷つくたび、人に優しくできる種を蒔き、
また傷つくたび、
その芽を育てるようにするといい。

少しずつで大丈夫

1日にひとつでもいいから、
自分が苦手なことや不慣れなこと、
不得意なことに挑戦すると運気が上がる。
楽して運気を上げようとしても、
運気は簡単には上がらない。

苦手なこと、不慣れなこと、不得意なことが、
数日後、数カ月後、数年後にできるようになっていたら
幸運をつかむ準備が整っていく。

1日にひとつでもいいから、
1日に少しの時間でもいいから——。
読書が苦手なら、1ページずつ読んでみる。
文章が苦手なら、ツイッターでひとことつぶやいてみる。
絵画が苦手なら、小さなイラストをひとつ描いてみる。
運動が苦手なら、スクワットを10回やってみる。

少しずつで大丈夫。
ちょっとずつで大丈夫。
一歩進めば大丈夫。
その先に幸運が待っている。

成功するから楽しいのではなく
楽しいから成功する

楽しいことは一生懸命になれて、
一生懸命になれることは楽しい。
楽しい場所に人は集まり、人の集まるところは楽しい。
楽しい人はモテて、モテる人は楽しい。

楽しめばいい。
楽しいことを探して、楽しいことを見つけて、日々を楽しむ。
「楽しい」の積み重ねが、未来の「楽しい」になる。
楽しむために努力をして、楽しむために我慢もする。
楽しむために困難を乗り越えて、楽しむために笑顔でいる。
自分の「楽しい」が他人の「楽しい」になると、もっと幸せ。

楽しむ。
そして楽しませる。
人生にとってそれはとても重要で、
自分だけの「楽しい」をもっと大きくすればいい。
どんどん「楽しい」を広げてみるといい。

「楽しい」は幸せで、幸せは楽しい。

幸せを手に入れることは、
とても簡単で、とても単純

ただ苦労しても幸せにはなれない。

ただ努力しても幸せにはなれない。

ただ頑張っても幸せにはなれない。

幸せになろうとする人が幸せになり、

幸せがなんなのかを知っている人が頑張るから、幸せになるだけで。

幸せは人それぞれ違うけれど、

はっきり共通していることもある。

それは他人から喜ばれること、

他人から感謝されること。

自分の幸せのことばかり考えて生きていると、

不満やらつらいことが溜まるだけで。

自分のことはひとまず置いて、他人のために時間を使ってみるといい。

そんな日をつくってみるといい。

他人に臆病にならないで、

「喜ばれるかな?」と思うことをやってみる。

空まわりすることもある。

求められていることと違う場合もある。

それは何度かやってみれば、加減がわかってくるもので。

いきなり自転車には乗れない。
最初は転ぶこともあるけれど、いつかはできるものだから。

他人を喜ばせることや
他人に感謝される生き方をすると、幸せを実感できる。
まずは小さなことでもいいのでやってみるといい。
笑顔をつくることだったり、挨拶だったり、
ほんの少しの気配りだったり、ほめたり、
許したり、認めたり、優しくしたり……。

幸せを手に入れることは、とても簡単で、とても単純。

自分の性格が悪いと、他人の性格も悪く見えるだけ

立派な人や真面目な人になることが、必ずしもいいわけではなく。
おもしろく楽しく生きるために知恵を身につけたり、
ときにはふざけたりすることも大事で。
そんなにきっちり生きなくても、
「また会いたいな」と思わせられるような魅力的な生き方をして、
人間味のある人になったほうがいい。

バカでもいいし、無知でもいい。
でも「また会いたいな」と他人からどれだけ思われるか。
人生はそれだけで十分良い方向に進む。
自分の生き方や態度や性格で、
「また会いたいな」と他人に思わせているか。

自分が素敵に、魅力的に生きられているなら、
自然とまわりにも同じような人が集まってくる。
自分が自分のことばかり考えているから、
他人も同じように自分のことばかり考えているように見えるだけ。
自分の性格が悪いと、他人の性格も悪く見えるだけ。
自分がいい人であれば、
他人も自然といい人に見えてくるし、
そんな人しか集まらなくなる。

この時代に生きているというだけで、
なんらかの意味がある。
だから、自分のできることを頑張ればいい。
自分に求められたことに素直に応えればいい。

人は自分ができることしかできない。
頭が良い、知識がある、技術がある、才能がある。
そのすべては自分のためではなく、
他人のために使う力。
それを、忘れてしまう人がいる。

他人のために一生懸命生きたほうが、
自分のためになるもの。
自分のことばかり考えて、
自分の基準でしか世界を見なくて、
自分の幸せだけを考えて、自分勝手に生きるから、
悩んだり、不安になったり、苦しくなったりする。

自分の力を他人の役に立てられるように、
日々、自分を磨く必要がある。
そんな人を、人は好きになるから。

「己のできることで他人を笑顔にさせてみよう」と、
そう生きられれば、
自然に幸運をつかめる。

自分の力を他人の役に立てられるように

「どこかの誰かがほめている、認めてくれる」と思って頑張ってみるといい

人はほめられたいし、認められたいもので。
面と向かってほめられたら嬉しいから。
認められたら、また頑張ろうと思えるから。
でも、現実はほめてもらえなかったり、
認めてもらえなかったりすることが多い。

「こんなに頑張っているのに！」と、
自分でどれだけ思っても、
この世の中には、
あなた以上に頑張っている人が山ほどいる。
頑張っていると思っているのは自己満足で、
結果が出なければ
周囲には「頑張っていない人」に映ってしまう。

本当は自分が間違った方向に進んでいるのに、
それが正しいと思い込んで腐ってしまう人がいる。
負の空回り──。
でも、間違った方向に頑張り続けても、
その力は、違うことで活かされることもある。
つまり、忍耐力をつけている時期だったりもする。
腐ってはいけない。
腐ってしまっては、助け舟もやってこないから。
アドバイスも手助けも、協力者も現れない。

幸運は、笑顔で頑張っている人に近づいてくる。
そのためにも、自分がいることで笑顔になっている人を思い浮かべて、
「どこかで誰かがほめてくれている」
「遠いどこかで認めてくれている人がいる」
そう思って頑張ってみるといい。
その腐らない心は、必ず魅力になって輝きはじめる。

品格や礼儀も忘れてはいけないが、
その力を発揮できるときまで
もう少し頑張ってみるといい。

外れや負けがあるから、
人生はおもしろい

パソコンほどバカな機械はない。
データを簡単に変えればいいだけで、
都合のいいデータをつくってしまえば、それでおしまい。
たとえばAI機能を備えたロボットがつくる、おいしい料理があったとする。
世界中のおいしい食べもののデータが入り、
AIが毎回のように同じ味を出す。

おいしいから話題にはなるけれど、飽きたらほかのものを食べたくなる。
少しおいしくないほうが個性的で、そっちが流行るかもしれない。
流行るとそのデータがAIに入るから
本来ならおいしいものが、今度はおいしくなくなってしまう。
AIには、それが理解できない。

AIのつくる音楽も、これまでのヒット曲を参考に、
「こんな曲が売れる」というものはつくれるが、
それも平均化されると、やっぱり飽きる。
AIが進んでも、所詮、機械は機械。
計算機だって、計算機でしかない。

人間が優秀なのは、失敗を楽しめること。
負けるおもしろさを知っていること。
当たりもあれば、外れもあるから、次回に期待ができる。
それは飽きないということでもある。

AIには期待がない。
外さないからおもしろみがない。
もちろん役立つ分野もあるけれど、
他人を喜ばせることや本気で心をつかむことはできない。
人は飽きるし、変化を楽しむ生き物だから、
いつも同じではいけない。
外れや負けがあるから、人生はおもしろい。

人はそんなに
真面目に生きられない

「あ〜自分はいま、悪いことをした」
「あ〜自分はいま、ズルをした」
そう自覚できる人は、まだ大丈夫だと思う。
でも、たちが悪いのは
「自分は正しい」「間違っていない」
「自分は真面目」だと思い込んで、
悪いことやズルイことをしている人。
たとえば、「ここに自転車を置いてはいけません」
と書かれていたとすると、
「ちょっと買い物に行くだけだから（ごめんなさい!）」
と自転車を置く人と、
なにも思わないで自転車を置く人がいる。
どちらもルールを守らないのはダメなんですが、
心のどこかに「ごめんなさい」
「自分はちょっと悪いことしている」
がある人とない人では、人として差がつく。
善悪や自分のなかのズルやダメなところを
知っている人と知らない人では、
人として厚みが変わってくる。

そんなに人は真面目に生きられないから。
真面目だと思い込んでいるだけで、
ほとんどの人が真面目風なだけで、
自分の不真面目な部分を理解することは、
人としてとても大切。

11

NOVEMBER

一冊の本を読むことは、
人生を変えるチャンス

本を読む習慣を身につけるといい。
本を読んだ人と読まなかった人の差は、
とてつもなく大きくなるから。

いろいろな本を読むことはすごくおもしろい体験になる。
作家の考え方、作家の表現方法、作家の人生……
本には工夫と知恵が詰め込まれている。
一冊の本には、その作家にしか書けないことが書いてある。
自分の知らないことがたくさん書いてある。
本にどれだけの価値があるかが理解できると、
一冊の本の魅力がもっと見えてくる。

分厚くて難解な小説でなくてもいい。
エッセイのような本もいいし、歴史の本もいいし、
興味のあるジャンルの実用書もいい。
あえて絵本を読むのもいいし、サブカルの本を読むのもいい。
途中で挫折してもいいし、
おもしろいと思えるところだけを読むのもいい。

一冊の本を読んだら、その話を誰かにしてみるといい。
自分の考え方や自分の言葉が変わっていくことに気づくから。
一冊の本を読むことは、
人生を変えるチャンスだと思うといい。

妄想くらい好きにすればいい。

誰と恋人同士になって、お金持ちになって、

なんでも好きなことができて……。

妄想だから自由でいいけれど、

実は、この妄想が現実的なのかが重要。

「突然、羽が生えて空を飛ぶ妄想」は、絶対にない妄想。

「飛行機に乗ってハワイに行く妄想」は、現実的でいい妄想。

後者の妄想は叶う可能性があるし、

叶う可能性がある妄想をすることが大事。

それを、時間のあるときにするといい。

上司にほめられごちそうしてもらえる妄想。

誰かに素敵な人を紹介してもらえる妄想。

そういう、現実的にプラスな妄想をする。

お風呂にゆっくり浸かりながら、

「こんなふうになって、こうなってこうなる」

ニヤリと笑ってしまう現実的な妄想をする。

これだけで不思議と運や運気の流れは良くなる。

マイナスな妄想は不運を呼び込むだけ。

少しわがままでもズルでもいいから、

現実的な楽しい妄想をすればいいだけ。

自分に都合のいい、現実的な妄想をするといい。

現実的な妄想をするといい

「なに食べる?」と聞かれて
「なんでもいい」と答える人は、
結婚が遠のくもの。
「パスタにする?」「なんでもいい」
「どこに行く?」「どこでもいい」
「映画にする?」「映画は嫌」
男女の会話によくあることだけど、
この積み重ねが多い人は、結婚が遠のくもの。

相手から「なににする?」と聞かれて、
「なんでもいい」といいながら、
相手からの提案を否定してしまう。
そういう気分じゃないのもわかるけれど、
これが積み重なると、いい結果は生まれない。

相手からのプロポーズを待ちたいなら、
「なに食べる?」
「なんでもいい」という会話のときに、
相手からの提案に「いいね!」と乗っておくといい。

会話のなかにある勢いは、
恋愛にはとても大事なもの。

「いいね!」と乗っておくといい。

「いいね!」と乗っておくといい

紹介されるような
人になると、
運も自然と
つかめるようになる

紹介する。紹介される。
これはとても重要なこと。
挨拶ができなかったり、
日頃の態度が悪かったりする人を
他人には紹介しない。
紹介とは互いの信頼関係を表すもの。

「出会いがない」と平気でいう人は、どこかに問題がある。
本当に素敵な人なら、周囲が放っておかない。
「こんなに素敵な人なら、誰かいい人がいないのかな」
「こんなに困っているなら、手助けできることはないだろうか」
自然とそうなる。

日々の生活や、それまでどんな生き方をしてきたのか。
自分本位に生きていたら、誰も助けてはくれない。
人と人との縁の大切さや信頼関係をどうやってつくるのか。

紹介されるような生き方をするといい。
紹介されるような人になると、
運も自然とつかめるようになる。

寂しいときは、
思い出が心を温めてくれるもの。

だから、どんな状況でも、
必ず良い思い出や楽しかったこと、
おもしろかったことを
忘れてはいけない。
苦しいこと、つらいこと、困難は、
多かれ少なかれやってくる。
いまの苦しさに目を向け過ぎたり、
いまの不運に焦点を合わせたりしても、
幸せにも楽しくもならない。

寂しい気持ちを温めてくれるのは、
過去の良い思い出と、
これからの明るい未来を考えること。

嫌なことを思い出しても仕方がない。
マイナスをプラスに
できる力があるなら、
そうすることもときには大事。
良い思い出をできるだけ心に刻んで、
その積み重ねで人生を豊かにする。

大切なことを見落とさないように。

寂しいときは、
思い出が心を温めてくれる

人生は簡単に
おもしろく楽しくなるもの

なにかがマンネリ化していたり、同じパターンだったりすることが
人生をつまらなくしている。
人生に納得がいかない、おもしろくない、うまくいかないと思うなら、
普段と違うことをやればいい。
髪型や服を変えたり、周囲からすすめられたことに素直になってみたり、
新たな刺激を受けてみたり……。
それらが、おもしろい発見につながる可能性がある。

人生がつまらないと思うなら、「自分基準」をやめてみる。
相手にとにかく合わせてみる。
恋愛も同じで、
好きな人に合わせてみるだけで大きく変わる。
好かれる努力をする、好かれるように演じてみる。
モテる人の真似をする、モテるように変身する。
仕事ができるふうにする。
お金や生活のためだと思わず、自分が働く理由をちょっと変えてみる。

現状を変えるためには変化が必要。
これまでとは違う行動を心がけるだけで、
人生は簡単におもしろく楽しくなるもの。
いろいろなことにもっと目を向けて、
いつもと違う自分を楽しむといい。

利用される価値があるなら、あなたの勝ち

他人に尽くす人は、
他人から優しくされる。
「利用されるだけ」と嘆く人がいるけれど、
利用される価値があるなら、
あなたの勝ち。
利用する価値もない人になるよりも、
利用される価値がある人のほうが、
必ず良い方向に進む。

仕事は仕事ができる人に集中するもの。
小さな勝ちに、勝ちはどんどん集まる。
運はいちどつかむとどんどん良い方向に進む。
人間、本当にできないことはお願いされないもの。
でも「限界」はあたりまえで、
誰にでもある。
そこでどうするのか？

乗り切るためには知恵が必要で、
仕事を終えるためには、
味方も部下も協力者も必要になる。
どうするのか知恵を借り、
周囲を観察して賢く生きる。

利用される価値のある人に勝ちがあり、
利用される価値のない人に勝ちはない。

素直に言い続けられる人になってみると

「この人に会いたい！」
憧れの人の話をしていれば、
その人に会えなくても、
情報を教えてくれたり、
運が良ければ本当に会えてしまう。

「言葉は力だな」。つねに思う。
自分の好きなことを
恥ずかしがっていわないでいると、
どんどん自分の好きが遠のいてしまう。
自分の好きははっきりいったほうがいい。
「自分の好きに素直になれる人が、
自分の好きを手にできる」
素直に好きといえる人だから、
周囲も協力してくれる。
自分の好きなものを見つければ、
生きるパワーにもなるから。

あなたはいま、なにが好きですか？
誰が好きですか？
「自分はこれが好きです」
素直に言い続けられる人になってみると、
また人生は楽しくなる。

役 に 立 つ 生 き 方 を す る と い い

自分がなにかひとつでもできることがあるなら、
やっておけばいい。
些細なことでもいいので、他人が喜ぶことや笑顔になれることをやる。
少しでも他人の笑顔のための時間をつくって、
日々、生活を送る。

いい人も悪い人も、気の合う人もそりの合わない人もいる。
他人の心情を考えられる人もいれば、
自分のことしか考えられない人もいる。
成長する人もいれば、成長しない人もいる。
いろいろな人がいるけれど、他人がいなければ、
学歴があろうが、お金があろうが、
権力があろうが、なにもないのと同じ。
他人とどう楽しく生きるのか、人生はそれだけでいい。

たくさんの人を幸せにできる人もいるけれど、
そればかりがすべてではない。
いま、目の前にいる人に、親切に優しく生きられたらいい。
たくさんでもなくていい。
どんな人でも必ず役に立てることがある。
なにかに役立つ生き方を、
楽しんでしてみるといい。

「ずっと運が悪い」はない。
「ずっと運がいい」もない

占いの結果というのは、
古くからある方程式とこれまでの統計からできたもの。
「この時期に引っ越している人は苦しい思いをした確率が高い」
「この時期に引っ越しをすると幸せになれる確率が高い」
という話なだけ。

もちろん例外はあるけれど、
ほとんどの場合は運気の流れや波に逆らえないもの。
それがいいとか悪いとかではなく、
すべては、人生のバランスを取るために起きている出来事。
「ずっと運が悪い」はない。「ずっと運がいい」もない。

ほとんどの不運は、
経験の積み重ねや努力次第で幸運に変えることができるもの。
だから、素直になって学んで成長すればいい。
世の中の仕組み、人について……あらゆることについて、
自分の頭でじっくり考えればいい。たくさん本を読むのもいい。

大事なことはいまもむかしも変わらない。
人間が感じることや求めることはいつも変わらず、
問題の解決策だって変わらない。
いくらネットの力が大きくなっても、人間の本質は変わらない。

「ずっと運が悪い」はない。「ずっと運がいい」もない。

現状がつらく苦しいなら、
あと一歩かもしれない

運気がよくなるには時期がある。
運気がよくなる手前がもっとも苦しくて、
もっとも手放したくなって
挫折してあきらめやすい時期。

でも、あと一歩、あと半歩かもしれない。

苦しさに負けず、考え方や発想を変えてみて。
もう少し辛抱すると、突然、道が拓けてくるから。
一気に楽になり、解放されるから。

運の解放——。
プレッシャーからの解放——。
無駄な縁からの解放——。
いろいろなことから解放される時期が訪れるから。
その年齢がいくつなのか、
何年後なのかはわからない。

僕も苦しいと思ったときほど、
もう少し頑張ってみようと心がけてきた。
そう何度も思って、いまがある。

現状がつらく苦しいなら、
あと一歩かもしれない。

忘れるということは
非常に大事

過去の出来事に縛られて、

いまを、未来を見失う人は多い。

成功しない人の多くは、過去の生き方に縛られている。

むかしの自分に縛られて、前に進めなくなっている。

新しいことを受け入れられないで、

己の生き方だけが正しいと思っている。

周囲や時代や政治が悪いのではなく、

己の考え方や生き方が間違っている。

すべては己が悪い。

己をどう改善すればいいのか?

己を変化させることだけを考えればいい。

良い思い出も、それにすがると

重荷になって前に進めなくなって、

同じ場所をグルグルと回ってしまう。

進めないのなら、良い思い出という重荷を捨てればいい。

友人も知人も、失うから得られる。

リュックがいっぱいで、両手もいっぱいで、

それでもなにかを得ようとするから前に進めなくなる。

すべてを投げ捨てて、一からやり直す。

捨てても心と体は成長していくから。

前進するためにも、忘れるということは非常に大事。

すべてを忘れられるくらい、好きなことに打ち込めばいい。

ケンカになるから
不運ではなく、
仲直りできないことが
不運であり不幸

ソリが合わない人がいる。

考え方が合わない人がいる。

表現方法が合わない人がいる。

でも、同じではないからいいものができる。

同じ方向を見ていないから大事なことに気づける。

みんなが同じだったら、やっぱりおもしろくない。

人は、いろいろな人の考えのなかで生きている。

ケンカもする。

人間だから感情的になってしまうこともあるけれど、

それでも相手を尊重しないといけない。

自分の思い通りになると思ったら大間違い。

相手を理解して、お互いがいいと思える「中間点」を見つけること。

だって、相手にも事情があるのだから。

ケンカをするときは絶縁する覚悟ではなくて、

ケンカをしても仲直りする覚悟が必要。

ケンカになるから不運ではなく、

仲直りできないことが不運であり不幸。

相手を許せず、自分も許されない人が、

もっとも不幸。

自分の「正しい」だけで生きてはいけないことを早く知って。

相手を許して。

成功者は成功者を
絶対にバカにしない

魅力のある人、影響力のある人は、己の「好き」がはっきりしている。
なにが良いのか、なにが素敵なのかがわかっているから、
本質的なところがしっかり見えている。

僕は魅力のある人にたくさん会って話してきた。
人の上に立つ人、責任を背負うことができた人、注目される人……、
人気のある人には必ず魅力がある。
多くの場合は、簡単に相手を否定しない。
できるだけ肯定する。
相手の良さを知ろうとすること、ほめることは共通している。
成功者は成功者を絶対にバカにしない。
成功しない人の多くは成功者をバカにする。

偉くなりたいなら、
自分より少しでも偉い人を認めて、尊敬しなければならない。
それができない人は偉くなれない。
魅力のある人になれるといい。
魅力のある大人になるためにも、
己の好きなことをしっかり見つめて、好きなことで輝けるように。
魅力のある人が、最高に幸せな生き方をしている人だから。

お金持ちになりたければ
無駄な時間を減らすこと

お金持ちになりたければ、

テレビを見ない。スマホゲームはしない。

雑誌は買わない。インターネットは見ない。

テレビ、ゲーム、雑誌、ネットがダメという話ではなく、

平等にある時間をどうやって合理的に使えるか。

これらに費やす時間を減らせば、

勉強や人に会う時間ができる。

そこでなにを学んで、

どんな情報を手に入れるかが重要。

合理的ではないのに成功した人は、「寝ない」。

とにかく寝ないで仕事も趣味も広げてなんでも見る。

結局、どちらも時間の使い方。

いまの自分に満足できないなら、

時間の使い方が間違っているのかも。

無駄な時間をどうやって減らすか。

価値のある時間をどうやってつくるか。

無駄がとにかく嫌いな人が、お金持ちになることは多い。

だから、少しでも成功者の話を聞いて、行動してみるといい。

成功の秘訣や大切なことを教えてもらえるから。

人生はお金ではないけれど、

お金はないとつらくなることがあるから、

それなりになる方法くらいは真似したほうがいい。

誰だって、弱く生まれて
強く生きている

生まれつき強靭な精神力を持った人はいない。
生まれつき強い意志を持った人だっていない。
誰だって、弱く生まれて強く生きている。

逆境に屈して、その場で立ち尽くすのか。
逆境に抗って、それをバネにしていくのか。
すべてを自分の経験値にして、強く生きていくのか——。
人の強さは、そこで決まる。

人は、弱いままではいけない。
人は、強くないけど弱くないから。

困難のすべてを受け止めなくていい。
怖ければ、最初は上手に流してしまえばいい。
強くなったら、跳ね返せばいいから。

過去に生きずに、強くなるために一歩ずつ前に進むといい。
どんな困難だって、乗り越えるためにあるのだから。

誰だって最初は弱かった。
誰だって最初は強くなかった。

誰だって、弱く生まれて強く生きている。

どうしたら店に入ってくれるのかではなく、
どうしたら笑顔で帰ってくれるのかを
考えることが大切で。
またきたいな、また使いたいな、
また欲しいな、また食べたいな、と。
とても単純なことなのに、
案外忘れているサービス業がある。

きたときよりも帰るときのほうの笑顔がいい。
本当にあたりまえのことなのに、
多くの仕事にそれがいえるのに、
呼び込むことだけを考えている人がいる。
売れることだけを考えている人がいる。
それも大切なんだけれど、
もっと大切なのは、
またきたくなる、また欲しくなる。
帰り際、終わり際が大切。

またきたいと思わせられるか、
また使いたいと思わせられるか、
また会いたいと思わせられるか、
「また」があるように思わせられるか。

大切なのは入口ではなく
出口だったりする。

「また」を大切にすればいい

452

転んで立ち上がるときが成長するとき

人は、挑戦を続けなければならない。
人は、成長を続けなければならない。

生きるということは前に進むこと。
今日よりも明日は進化する。
今日よりも明日は変化する。
同じことの繰り返しではいけない。

年齢を重ねていくことは命を削っていくこと。
なにも成長しない人、挑戦しない人は、
サボっている人。
一歩でも前に進もうとするなら、
進化して変化しなければならない。

失敗なんて怖くない。
転んでも進む気持ちがあれば一歩前に進むことができるから。
なにもせずその場にいては、誰からも評価されなくなってしまう。

あなたがいまの人生に満足していないのは、
挑戦していないから。
一歩でも前に進もうとしていないから。

転んでも前に転べばいい。
転んで立ち上がるときが成長するときだから。

運はかっこいい人が好き

優しくないとかっこ悪いから、
もっとかっこつけていい。
それは外見ではなく、生き方として。
その発言はかっこいいの?
その行動はかっこいいの?
自分のことばかり考えて、
思いやりや優しさのない言動は、
かっこいいのか、かっこ悪いのか。
外見だけのかっこよさに
だまされてはいけない。
かっこいいとは中身が立派なこと。

もっとかっこよく生きてみたらいい。
かっこよく生きられたら、運も自然と良くなる。
かっこいい人に運は味方する。
外見だけかっこつけている人に
運は味方しない。
外見のかっこよさはどうでもいい。

自分のことばかり考える
かっこ悪い生き方ではなく、
もっと他人のことを考えられる
かっこいい生き方をするといい。
運はかっこいい人が好き。

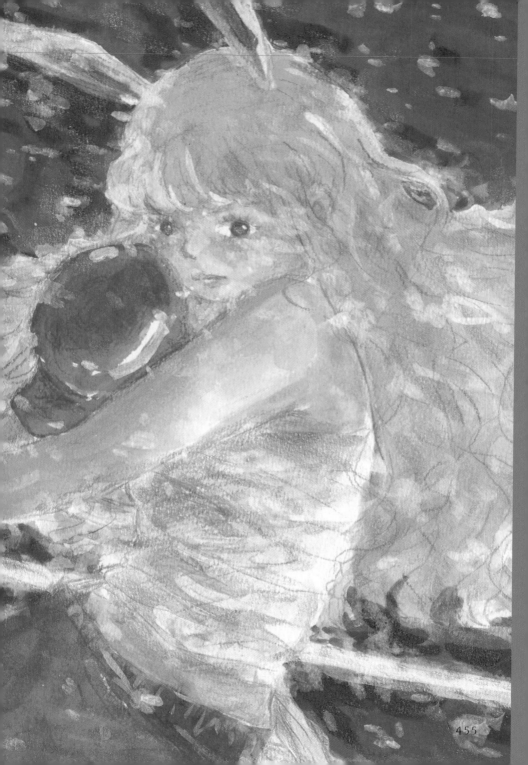

自分のために
生きてはいけない

自分のために腰が低い。自分のために他人をほめる。自分のために謝る。
「自分のため」に生きている人は、いい人でも成功はしない。

親切で思いやりがあり優しい感じはする。
でも、「感じ」がするだけで、すべて自分のため。
最初は丁寧な印象だけど、よくよく観察してみると、
「自分のため」にしか生きていない。

一見いい人そうなのにうまくいかないのは、
「自分のため」のいい人だから。
どんな人でも成功するためには、人生を豊かに過ごすためには、
他人のために生きなければならない。
他人を笑顔にしたり、他人を喜ばせてみたり、
他人から感謝される生き方をしたりすると成功する。

どうすれば他人を喜ばせることができるのか。
もっと真剣に考えないといけない。

「チッ」と舌打ちをするたびに運気は悪くなる

友人や知人で舌打ちをするような人がいるなら、
注意をしたほうがいい。
話を聞かないような人なら離れたほうがいい。
近くにいるだけで運を失う。
つまらないことでイライラを外に出すような、
愚かな人に運は集まらない。
集まらないどころかどんどん逃げていく。

そもそも、幸せとは他人から与えられるものだと
理解できていないと、いつまでも幸せにはならない。
つまらないことでイライラする自分を反省もしないで、
他人のせいだと思って生きている人に運は味方をしない。
誰にも注意されないで生きてきたその人は、
すでに見放されている。
見放されてしまった人ほどかわいそうなものはなく、
自分で気がつくまで苦労は続く。

苦労しているということは、
「なにかに気がつきなさい」ということ。
気がついて直すまでその苦労からは抜けられない。
つまらないことで舌打ちしないで、
他人のせいばかりにして生きないで、
すべては自分のせいだと思って生きないと前には進まない。
成長しない自分を恥ずかしいと思って、
舌打ちしないような生き方をしたほうがいい。

互いの笑顔をつくる
努力を忘れないように

男女の喧嘩のパターンの多くは、
男性は「結果が良ければいい」。
女性は「最初が肝心」。

喧嘩の原因や修復方法はそれぞれ違いますが、
男性は「結果的（出口）に良いなら問題ない」、
女性は「最初（入口）の問題を解決しないと許せない」。
「男性は出口、女性は入口を大切にする」、
この差があることが本当に多い。
あとはお互いを笑顔にしようと努力しているか、
ここが大きなポイントだったりする。

お互いが相手を笑顔にさせようと
日々楽しんで生活をしていたら、
大きな喧嘩は自然としなくなる。
どうしたら相手を笑顔にできるのか、
日々考えて暮らしてみるといいかも。

喧嘩できるうちはいいけれど、
喧嘩もできない男女になると、
また寂しくなる。
互いの笑顔を
つくる努力を忘れないように。

一流のパワーを感じることで、「自分も頑張ろう」と思える

もしあなたが「一流の人に会えない」と嘆くのなら、
それはあなたが一生懸命に、真剣に取り組んでいないから。
頑張っていないから、頑張っている人に会えないだけ。
どうしても一流に会えないなら、ライブや舞台を観にいくといい。
良い刺激や良い影響が受けられるから。
スポーツでもいいけれど、できれば芸能で、同性のライブを観るといい。

誰かの影響を素直に受け入れられる人は、
他人に影響を与えることもできる。
一流の人のパワーやエネルギーを生のライブや舞台で感じることで、
多くの人は、もっと「自分も頑張ろう」と思える。

一流になるには、ポジティブでいる。
一流になるには、地道な努力を苦だと思わない。
一流になるには、人生を楽しむ。
一流になるには、責任感が必要。
一流になるには、サービス精神が必要。

一流になるには、
どんなときでも「前向きに生きる」という、
強い気持ちがなくてはならない。

「嫌だ」と思ったらチャンス

誰にだって面倒な仕事はある。

でも、すべてを楽しんでみるといい。

嫌々やるから、嫌になる。

問題は、自分のなかの「嫌々」にある。

「嫌だ」と思ったら、

逆にどこがおもしろいのか、

この先のなにが楽しいのかを想像する。

「嫌だ」と思えば思うほど、

そこにある魅力を探してみるといい。

仕事でもプライベートでも、

すべてにそう思うといい。

勉強だと思えばいい。

忍耐力や精神力が強くなれば、

些細なことでは微動だにしなくなる。

「嫌々」をなくすために、

「嫌だ」と思ったら考え方を変えるとき。

どう考えたらプラスに変えられるか？

考え方を変えるチャンスだと思うといい。

あたりまえのことを
あたりまえにやっていれば

あたりまえのことを
あたりまえにやっていれば、
あたりまえに良くなる。
人生、どこかでつまずいたり、
へこんだりということは
誰にでもあるけれど、
あたりまえに生活をしていれば
あたりまえに助けが入ったり、
その都度、アドバイスしてくれる人がいるもの。

人生は言い訳できないように、
自分を成長させないといけない。
とてもあたりまえのことだけど、
なかなか難しいと思ってしまう人がいる。
それは、自分は正しいと思い込んでいるから。
挫折や失敗が多いなら、
どこか自分の人生を、生き方を疑ってみないと。
あたりまえだといわれることを
少しずつでもいいのでやってみるといい。

日々、人に会って、人と話して。
あたりまえのことが
あたりまえにできる人のほうが、
順調で人生を楽しんでいる。

たくさんの人に優しくされたら、
ただそれを返せばいい。

遅くなってもいい。
ゆっくりでもいい。
いつか優しさを返そうと思って生きることが大事。

いまできることでいい。
願うことや想うことでもいい。
人から受けた優しさを、
あたりまえだと思って生きないように。

他人への優しさは、自分の幸せに直結するもの。
優しく生きていればいいことしかない。
見返りを求めず、
優しく生きてみるといい。

あなたはすでに、
たくさんの優しさのなかで生きているから。

他人への優しさは、
自分の幸せに直結するもの

早ければいいわけではない

ウサギとカメ。

多くの人が知っている有名な話。

先に進むウサギとゆっくり進むカメ。

それは時代の流れや人生と同じ。

なんでも早ければいいわけではない。

ネットで情報を簡単に入手して、

知恵や情報を得ていると思い油断していると、

地道に頑張って情報を集めたり、

じっくり経験を積んでいる人に負けることがある。

まさに現代を言い表している話でもある。

早ければ早いほど、あぐらをかきやすい。

早ければ早いほど、

油断しやすいことを知ったほうがいい。

それはとても危険なことで、

それは地道な努力をした人には

かなわないということでもある。

いつの間にか

ウサギになっている人がいる。

早ければいいわけではない。

遅くても大切なことがある。

人生はスピードではないのに、

早さにごまかされてしまう人がいる。

カメは最後には勝つから、じっくり進めていけばいい。

寝る前くらいは
プラスの妄想をするといい

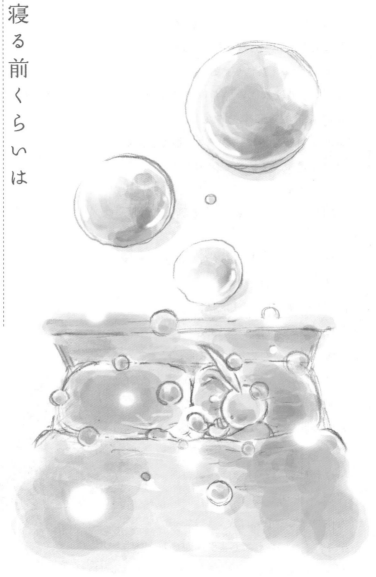

いちばん良い思い出がある写真は、どこかに飾ったほうがいい。
いちばん楽しい思い出がある音楽は、1日1回は聴いたほうがいい。
いちばん楽しい思い出のある香りを、1日1回はかぐといい。
いちばんおもしろかったことを、思い出すといい。
「24時間思い続けて」とはいわないけれど、
せめて、寝る前や朝起きたときに、
自分のテンションが上がること、少し嬉しくなることを
日々やってみるといい。

すると、不思議と自然に運気も良くなる。
できれば寝る前がいい。
寝る前にいいことを思い出して笑顔で寝る。
これが、いちばん運気を上げる。
全然、難しくはない。
誰にでもできる、簡単に運気が上がる方法。
あとは続けること──。
運の良さを感じるまで、
人生がもっと楽しくなるまで続けてみるといい。
やる前から難しいとか面倒だと思わないこと。
もっと純粋に、もっと素直に、子どもの心を思い出して、
良いといわれることをやってみる。

笑顔で寝るように努めれば運気は上がる。
寝る前くらいはプラスの妄想をするといい。

誰もが、愛されるために
生まれてきた

感謝の気持ちがない人はいつも不幸で、
感謝の気持ちがある人はいつも幸せ。

愛されない生き方をする人はいつも不幸で、
愛される生き方をする人はいつも幸せ。

誰もが、
笑顔になるために生まれてきた。
誰もが、
幸せになるために生まれてきた。

誰もが、
愛されるために生まれてきた。

「意味がわからない」という人に運は味方しない。
意味がわからないなら、
その事実を素直に受け止めてみることが第一歩。

どうしてなのか？　なぜなのか？
理由や根拠がわからないから、「意味がわからない」。
考える力が備わっていないなら、
その意味を理解できるように考えるといい。

相手が悪いのではなく、
理解できない自分に問題がある。
いま頭でわからなければ、
体で感じることも大事。
「意味がわからない」なら、
意味がわかるように感じるといい。

もし意味がわかっても、
心から納得するまでには時間がかかって、
共感してからやっと動きはじめるのが人間。
意味がわかっても、段階はたくさんある。

「意味がわからない」という人に運は味方しない。

「意味がわからない」という人に
運は味方しない

12

DECEMBER

前に前に、前向きに

「この仕事はあいつにまかせておけばいい」
と、面倒な仕事を押しつけられて、
困難や面倒なことをたくさん経験したAさんという人がいた。
久しぶりにその会社に行ってみると、
面倒な仕事を押しつけられていたAさんは
その会社のエースとして大活躍していた。
面倒な仕事を押しつけていた人たちは、
忘れ去られるような存在になっていた。
面倒な仕事を押しつけられているときに、
Aさんは前向きに、「期待されているから仕事が増えている」と、
その面倒や大変なことをどう乗り越えようかと試行錯誤していた。
ほかの人もその姿を見ているから、
なにかあれば絶対に手助けしてくれる。
そしてなによりも、最高に人柄がいい。
性格や生き方が良く、品格もある。誰にでも優しく機転が利く。

前向きに課題をクリアする姿勢は必ず人を成長させる。
「強くなろう」「自分を成長させよう」とするから、
どんどん力がついていく。
たくさんの人に会って、たくさんの人と話して、
Aさんのようにどんな状況も前向きにとらえられたら、
人は成長できてもっと強くなる。
マイナスなことと受け取ったり、悪い方向に考えたりしないように。

前に前に、前向きに。

人の心理を読むことはとてもおもしろい。

「この人はいまなにを考えているのだろう?」

そう考えるとおもしろくなる。

あの人ならこんなことをいう、あの人ならこんな態度をするなど、

人の心理を読んで、分析をする。

なにを考えてどう判断するのか。

人の心理を読む。

これがとてもおもしろい。

相手の心理構造をもっと考える。

これがとてもおもしろい。

すべては架空であり、想像でしかないけれど、

人の心を、「なぜ」「なんで」「どうして」で考えてみるといい。

優しい考え方だけではなく、

冷たい感じも、厳しい感じも分析してみるといい。

分析を重ねると見えてくる。

面倒な人ほど実は真面目。偉そうな人ほどコンプレックスがある。

お金に執着する人ほど自信がない。厳しい人ほど優しい。

人って本当におもしろい。

人と人だからこそおもしろい。

機械には存在しない、心がおもしろい。

もっと人をおもしろがってみるといい。

なにを考えて、なにを感じているのかを。

人ほどおもしろいものはない。

人って本当におもしろい

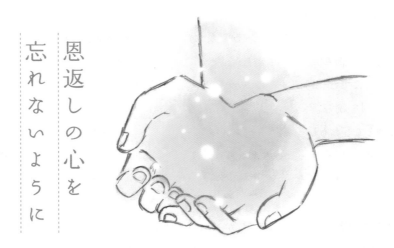

恩返しの心を
忘れないように

人は誰でも、いろいろな人に支えられている。
同じ時代に生きている人は支え合っている。
それはむかしからずっとつながって、繰り返されている。
人は、何千年もなにも変わっていないし、
悩みや不安は大体同じで、解決方法も同じ。
人は、とてもとても簡単で単純な生きもの。

自分だけの力で生きていると思っている人は、必ずどこかで苦しくなる。
でも、恩返しのために生きる人は必ず幸せになる。

自分の努力や人生を自分だけのものだと思って、
他人のおかげだと思わないで、
個人の力で生きていると勘違いしていると、
壁が立ちはだかり、苦労して、心が病んでしまうことがある。

どうしても、人はひとりでは前に進めない。
支えてくれていた人やその協力に気がつかないでいると、
誰も助けてくれない。協力も味方もしてくれない。
ときには足を引っ張られる場合もある。

ただ、若いときは少しくらい傲慢になってもいい。
「自分だけの力で生きている」と、
勘違いするくらい自信を持って突き進んでもいい。
でも、いつかは壁にぶつかる。
そのときに、感謝や恩返しを忘れないようにすると、違う道が見えてくる。

いまを素直に受け止め、恩を返すために生きればいい。
直接返せなくてもいいけれど、受けた恩を忘れないようにすることが大事。
これまで出会った人や背中を押してくれた人、
仲良くしてくれた人やあなたに優しくしてくれた人に
恩返しをする気持ちを忘れないで。

「恩を本気で返せた——」
そう思えた人は、必ず運をつかみ幸せになれる。

「助かりました」と
いわれるような生き方をすると、
幸福になっているもの

「助かりました」を、もっとたくさんいうようにしてみるといい。
「ありがとうございます」もいいのだけど、
「助かりました」をもっと意識していってみるといい。
不思議と、運気の流れが良くなるから。

「みなさんのおかげです。ありがとうございます」
そう感謝することもいい。
でも、「助かります」も忘れないように。

人は互いに助け合って生きている。
回り回って、人は助けてもらっている。
あなたも誰かを助けている。
黙って相手の話を聞くだけで、相手が助かるときもある。
だからいま、自分ができることを探してみる。
いまの自分が誰かを助けられるのか、意識して生活してみる。
「もっと自分にできることはないかな?」
そう思って生きると、変わってくる。

「助かりました」といわれるような生き方をすると、
幸福になっているもの。

学校も人、会社も人、政府も人でできている。
必ずそこには人がいる。
「学校」が決めていることはない。
「会社」が決めていることはない。
「政府」が決めていることはない。
すべては人が決めているのだから、
すべてを変えることができるかもしれない。
ITやAIがいくら進化しても判断するのは人だから。

人をもっと見る。
人をもっと信じる。
人の心理をもっと想像する。
そこから、いろいろな答えが見えてくる。

結局は人同士のこと。
人がつくったことだから、人がつくり替えることもできる。
人ができることは自分もできる可能性がある。

人を動かすのも人、人に影響を与えるのも人。

くせのない人はいないから

「なくて七癖」、そういわれるように、
「この人はくせがないな」と思っていても、
少なからずなにかしらくせがある。
問題はそのくせがわかりやすいのか、わかりにくいのか。
そして、そのくせを自分が許せるのか、許せないのか。
そのくせに合わせられるのか、合わせられないのか。

才能のある人や才能を見出した人、
なにか特別な能力を身につけたり、
なにかを極めたりするということは、
なにか大きなことを失い、
わかりやすいくせも身につくもので。

くせのある人を避けようとしたり、
くせのある人を
どかそうとしたりする組織があるけれど、
その人はその組織で
表面的なくせが出ているだけで、
他の人には見えないくせがあったりもする。
表面的なくせのほうが、
面倒だけど対処はしやすい。
隠れたくせのほうが対処に困るもの。

人は、他人のくせが好き。
個性とかキャラとか、
言葉は違えど、それはくせのこと。
気にいるくせと気にいらないくせがあるだけ。
才能を出せるぶん、
くせも出てしまうことはよくあることで、
くせのない人はいないから、
くせを隠す人が良いとも限らない。

いま、自分にはなにがあるのか。

自分の持っているものや、自分の才能や、

あると嬉しいことを見つけるといい。

あたりまえだと思っているから、感謝を忘れてしまっている。

まずはそこにあらためて気づいて、あらためて感謝すること。

ないものや持っていないことを悔やんだり、

ないものねだりをしたりして、自ら不幸をつくってはいけない。

「ないはない」で仕方ない。

でも、努力は絶対に必要。

たとえないことを認めても、ほかのことで勝負すればいい。

どんな人にも必ず個性や才能がある。

あとは、それを上手に伸ばせばいい。

時間をかけてでもいいので、自分のいまある部分を鍛える。

たとえなにもできなくても、

笑顔と元気、明るさは誰にでもある。

お礼をいったり、感謝したり、恩返しをしたりすることを

一生懸命やることは誰にでもできる。

だから、ないことを見ない。ないことばかり考えない。

苦手なことを鍛えて成長するのと、

ないものねだりはまったく違うもの。

いまの場所で現実を楽しんでみるといい。

どう考えてどうしたら楽しくおもしろくなるのか。

そのためにも、いろいろな人の考えや知識を取り入れるといい。

いまあることに目を向けて

不安定の先に安定がある

人生とは不安定なものだけど、
不安定でいなければ安定もない。
安定したければ、
不安定でいなければならない。

赤ちゃんはハイハイからはじまって、
つかまり立ちをしながら
自力で立つ練習を繰り返す。
不安定にまったくめげずに、
何度も何度も練習している。

四つん這いのほうが安定しているのに、
二本の足で立つという不安定を目指して練習する。
不安定の先に安定があるから。

自転車の運転だってそう。
補助輪がついているほうが安定するのに、
前輪と後輪だけで走ろうとする。
不安定の先に安定があるから。

人は不安定が好きな生き物。
人は不安定を乗り越えたい生き物。

不安定の先に安定がある。

過去は変えられないが、
思い出は変えられる

過去の記憶や過去に起きたことは、
確かに変わらない。
でも、過去の思い出が変われば、
いまがどんどん楽しくなる。

過去の不運や不幸を
いつまでも見ていると、
過去の嫌な思い出にしがみついていると、
なにも変わらない。
妬んだり恨んだりしても、過去は変わらない。
どんどん嫌なことが膨らんで、
そこにしがみついて、
苦しくなるのは自分なのに。
しがみつくから、また苦しくなる。

人は誰でも嫌なことや苦労がある。
楽しそうにしている人でも苦労はある。
楽しそうに、おもしろそうにしている人は、
嫌な思い出にしがみついていないだけ。
嫌な思い出はどんどん捨てて、
楽しい思い出に変えているだけ。

嫌な思い出は捨てればいい。
なんで嫌なのにしがみついているの？
そう思って捨てて前に進めばいい。

運気の悪いときにどれだけ努力するか。
運気の良いときにどれだけ人に優しくするか。
これが自然にわかっている人に
すごい人が多い。

「あ〜、運が悪いな〜」
そう感じるなら、努力する時期、勉強する時期。
「なにをやっても運がいいな〜」
そう感じるなら、
周囲の人を助けたり、応援してあげたりすると、
運気はどんどん良くなるし、日々が楽しくなる。

運気がどんどん良くなれば、
もっと人との関わりができてくる。
頑張るから運も引き寄せられる。
運が引き寄せられるから、
人も引き寄せられる。

努力して頑張って
実力がついてくると、
周囲は優しくしてくれる。
優しくしてくれるから、
自分も周囲に優しくできる。

人と運と努力ってよくできている。

人と運と努力ってよくできている

わかりやすい人がいい

わかりやすいの「易い」は、
易、易経、易占いと同じ漢字。
易（占い）を伝わりやすく、
上手に分けることが「わかり易い」こと。
占いとはわかりにくいもので、
それを伝わりやすく説明できると、
わかりやすくなる。

ものごとは上手に伝わるように、噛み砕いて説明することが大事。
人というのは、わかりやすいほうがいい。
恋も仕事も、好きなら好きと、わかりやすく生きる人のほうがいい。
特に恋はわかりやすいほうが、うまくいく場合が多いもの。
笑顔でニコニコ近づいてきて、
自分をほめてくれたり、
好意を伝えてきたりしたら、
それは気になるし、好きになるもの。

人はわかりやすいから関わり、わかりやすいから近くにいる。
わかりやすく生きることは、とても大事。
わかりやすく生きると、
わかりやすく運気の波がやってくる。

人生の選択の確率は2分の1

人生の選択は、繰り返しやってくる。

「やるか」「やらないか」

「行くか」「行かないか」

「食べるか」「食べないか」

「つきあうか」「つきあわないか」……。

確率を考えてしまうと、行動できなくなる。

でも、すべてのことを「2分の1」と考え選択するといい。

大事なことは、目標を小さくしていくこと。

できるだけ簡単な目標を設定して、「2分の1」にあてはめていく。

すべては「2分の1」だと認識して、

勝てる博打を自分で設定すればいい。

「結婚できる」「結婚できない」と、

恋人もいないのにいきなり結婚を考えるから、

難しく感じたり、結婚が遠のいたりする。

まずは知り合いを増やせばいい。

「知り合いを増やせるのか」「増やせないのか」

そこからはじまって、異性の友だちをひとり増やしてみればいい。

これをどんどん積み重ねれば、

「結婚できる」「結婚できない」の、「2分の1」に持っていける。

実際の確率は考えなくていい。
問題は、いま目の前の状況から、
「2分の1」で、流れを変えられるかどうか。
勝てる博打を続ければいいだけ。

博打打ちは負けてはいけない、負ける博打打ちはただの遊び人。
もっと、真剣に勝てる博打を探したほうがいい。
もっともっと、勝てる博打を自分でつくればいい。
すべての確率は「2分の1」。
コツコツ積み重ねる「2分の1」の確率を信じて、
目標を大きくせず、勝てる博打を勝ちにいくといい。
「2分の1」に失敗しても、「生きる」を選択して生き続ければいい。

「自分も楽しい、相手も楽しい」 そこに集中して生きる人に 運は味方する

その行動や言動は、
自分も相手も楽しい？
それだけを考えてみるといい。

自分と相手が楽しめる。
自分と相手が笑顔になる。
自分と相手が喜べる。

そこに集中して生きる人に
運は味方する。

「自分も楽しい、相手も楽しい」
そこに集中して生きる人に
運は味方する。

自分も相手も楽しませられる人に、
幸運はやってくる。

あなたは、どうしたら上機嫌で過ごせる?

いつもどんなときも上機嫌でいること。
これはなかなか難しい。
人生が思い通りにならないのはあたりまえ。
そのあたりまえを頭で理解していても、
どこか納得できないのが人間。
些細なことを流せるときもあれば、
ムッとするときもある。

いつどんなときも上機嫌でいられれば、
いつどんなときも幸運でいるのと同じこと。

あなたは、どうしたら上機嫌で過ごせる?

上機嫌のパターン分析をするといい。
好きな人と一緒にいること?
好きな音楽を聴くこと?
お腹いっぱいになるまで食べること?
スポーツでスカッとすること?

いつどんなときも上機嫌で過ごせれば、
まわりのみんなだって、上機嫌。

上機嫌は幸運を運んでくれる。

上機嫌は幸運を運んでくれる

思った以上に、
「ありがとう」は
たくさんいえる

「ありがとう」をいえない人は、
絶対に運をつかめないし、
幸運を逃し、幸福を感じることはない。
いま以上にもっと意識して、
「ありがとう」をいえるようにしたほうがいい。

特に、身内や仲良くなった人に対して、
多くの人が、「ありがとう」を言い逃している。
「当然だ、あたりまえだ」と思っているから。

「ありがとう」をいうゲームだと思って、
周囲が驚くほど、感謝の言葉をいってみるといい。
言い続けてみると、運気の流れが急激に変わってくる。

「ありがとう」がいえない女性が、
もっとも魅力がなくて、誰も惚れないし好きにもならない。
「ありがとう」がいえない男性は信用されないし、
かっこ悪いだけで、誰からも憧れられない。
叱ってくれる人、怒ってくれる人、嫌いな人にも、
「ありがとう」をいうといい。

幸運を手にできないのは、
己が「ありがとう」をいっていないから、
いったつもりでいるから。
思った以上に、「ありがとう」はたくさんいえる。
言い切れないほど、いえる。

自然にいえるように、他の人がいう前に、
「ありがとう」がいえるようになると、
運気は一気に良くなる。

素敵な人を見習うことで、幸せになれる

素敵で生き方をしている人に、もっと注目して見習ってみるといい。
素敵な人は必ずまわりにいて、
「そんなふうに生きられたらいいな」と思える人に会えることが、幸運。

笑顔の素敵な人。挨拶やお礼が丁寧な人。
考え方や生き方が前向きな人。
優しく受け入れてくれる人や許してくれる人。
素敵な人を見習ってみること。
まったく同じにはなれなくても、
そこから、努力や気遣いができるようになる。
相手を思う気持ち。本当の優しさ。感謝の気持ち……。
そういった気持ちが持てるようになる。

ストレスを感じるのは、まだまだ自分の考え方が間違っている証。
ストレスを感じないような生き方、
ストレスが溜まらないような考え方を学ぶことが大事。
素敵な人を見習うこと。
人にたくさん会おう。
人に会えば会うほど、素敵な人に出会えるから。
魅力的な人に会うためにも、たくさんの人に会って話してみるといい。
魅力的な人を見習うことで、幸せになれるから。

他人の成功を、自分のことのように祝って。
他人の幸せを、自分のことのように喜んで。
それを繰り返し行えば、
不思議と成功や幸せに近づいていく。

ちょっと問題なのは、
他人の悲しみに敏感になり過ぎて一緒に悲しんでしまうこと。
自分まで悲しくなってヘコんでしまう人がいる。
すごく悲しい状況の人がいるのなら、
自分の力でできることをすればいい。
どうすれば相手が救われ、助かるのか。
それをイメージするといい。
その悲しみから解放されたとき、
そのことを一緒に喜び合えばいい。

他人の成功や幸せを祝えて喜べる人に、
成功や幸せは訪れる。
他人の失敗や不幸を見て笑っている人に、
失敗や不幸は訪れる。

他人の成功や幸せを
自分のことのように

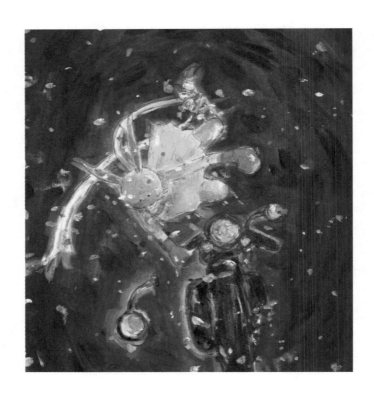

プライドなんていらない

プライドは守るものではなく捨てるもの。

本当に大事なプライドは、「生きる」。

もう、それだけでいい。

それ以外の不要なプライドはすべて捨てる。

プライドのすべてを壊す。

いや、プライドを持たない。

するとなんでもやれるようになり、

なんでもするからどんどん自分が強くなる。

問題はつまらないプライドにある。

自分をどう思うかなど人生に不要で、

他人はあなたの生き方に興味はない。

すべては、「自分」が邪魔をしている。

だからこそ、自分で自分を壊すことが大事。

自分の考え、自分の性格、自分の生き方を、

自分でどう崩すことができるのか。

なぜできない？　なぜやれない？

そうなったときは、「つまらないプライドだな」と思えばいい。

もっとプライドを捨てて成功している人を見たほうがいい。

基準を自分にしないこと。

大事なのは、他人の真似をすること。

プライドを捨てて、成功やチャレンジしている人の真似をどれだけできるか。

プライドを捨てるから強くなる。

強く生きるためにプライドを捨てる。

プライドを守るのではない。

プライドを守ると成長しないから。

自分の考えや生き方を守るのではなく、

成功している人の真似をして、自分を壊し、

またつくり直し成長して、また、再び崩す。

これを延々と繰り返すだけ。

プライドなんていらない。

人には幸せの器があると思う

人には幸せの器があると思う。
目に見えない心の幸せの器。
幸せの価値観が人と違うように、
幸せの器は人それぞれ違う。

幸せの器を超える幸せは、
不幸のはじまりでしかない。
でも、自分はこの程度かなと
ほどほどにしてしまうと、
それもまた満足しない。
自分の幸せの器スレスレの幸せが
案外いちばんいいかも。

あとは自分の幸せを変化させること。
自分の幸せの器が
大きくなったり小さくなったりすれば、
いつでも幸せを感じられる。
いろいろな幸せがあると知ることが大切で、
それをうらやむのではなく、
柔軟な発想、柔軟な幸せな方法を
見つけられるように。

自分の幸せの器はどんな形なのか、
柔軟性はあるのか、
いちど考えてみるのもいいかも。

感動の先にあるのが幸運。

感動できるほどの風景を見ると、幸運を感じる。

感動できるほどの料理を食べると、幸運を感じる。

感動できるほどの芝居を見ると、幸運を感じる。

感動はつくりものでもいい。

つくりものだから感動できることもある。

なんでもリアルが良いとは限らない。

感動を上手につくれる人は、

恋も仕事も上手にできる。

人を感動させられるほど

仕事ができる人は偉くなる。

ものが売れない、作品が評価されない、

自分の頑張りが評価されない。

それは誰かを感動させられていないから。

人の気持ちを動かすほどのことができていないから。

感動させるために、

どんな言葉を選んで、どんな話し方にするのか。

どう見せて、どう演出するのか。

人を感動させられる人になれば、

人生はもっと楽しくなる。

感動が嫌いな人はいない。

感動はみんな好きだから。

感動の先にあるのが幸運

497

手紙を書ける素敵な人に なれるといい

手紙を書いてみるといい。
自分の思いや自分が感じたこと、感謝を表すなら、
手紙を書いたほうがいい。
メールやLINEではなく、
本当に心を込めたいなら、
手紙を書くといい。
それは思った以上に伝わり、人の心を動かすから。
手紙を書くことはとても面倒で、手間がかかる。

でも、心を込めて書くから
相手の心を動かすことができる。

会社やら組織やらに納得がいかないなら、手紙を書くといい。
社長や偉い人に手紙を出すといい。
ちょっと偉い程度の人には伝わらない場合もあるけれど、
本当に偉い人は人の心がわかるもので。
真剣に書いた手紙は真剣に読んで考えてくれる。
思いを受け止めて、「これは違いますよ」と教えてくれることもある。
手紙を書ける人になるといい。
便せんを選ぶところから想いを込めて、
字が下手でも相手が読みやすいように
一生懸命に書くと、想いは不思議と伝わるもので。

感謝を伝えるなら手紙を書くといい。
年賀状でもいいので、
1年に一度や二度は自分の想いを書いて届けてみるといい。
メールやLINEでは本当の心が伝わらないこともある。
1億人に一斉送信できるものよりも、
1通の心のこもった手紙のほうが
人の心は動くもの。
手紙を書ける素敵な人になれるといい。

全力で最善の努力が
「次」を生む

力を抜く人がいる。

なぜ?

かっこつけているから。

力を抜く人がいる。

なぜ?

結果が出ないとプライドが傷つくから。

だから、あえて全力を出さない。

真剣にやらないし一生懸命にもならない。

これでは自分が損をする。

力を抜かない人はどんどん成長する。

どんなことにも全力でぶつかり、

「次をどうしよう」と考えるから。

全力で最善の努力をするから「次」が生まれる。

全力で最善の努力をしないから「次」がない。

次がないから頑張れなくなる。

チャンスもなくなり力もつかない。

そのすべては自分が招いていること。

一生懸命に生きたほうが、

輝くし魅力ある大人になれる。

力を抜いてスカして生きていても、

みっともないしかっこ悪いだけ。

感謝とは愛で、愛とは感謝。

感謝するから愛され、感謝しないから愛されない。
愛するから感謝され、愛さないから感謝されない。

仕事や職場に文句があるなら、
独立して経営者になればいい。
働けるという感謝がない人は、
どんな仕事をしても同じことを繰り返す。

恋人に不満があるなら別れればいい。
つきあってくれたことへの感謝がない。
本当に愛していないなら一緒にいても時間の無駄。
別れて次を探せばいいが、己が愛を知らなければ、
感謝をしなければ、結局は別れを繰り返す。

感謝のできない人は愛されない。
それは言葉に出る。それは行動に出る。周囲はそれを見ている。
「この人は感謝の気持ちがない人」
「この人は感謝の気持ちがある人」
見ればわかること。

感謝とは愛だと、愛とは感謝だと忘れてはいけない。

感謝とは愛
愛とは感謝

真実の愛とはなにか

心温かい、心優しい人になれるように。
大切なのは心であり、
もっともっと相手のことを考えられる人にならなければ。

真実の愛とはなにか？
愛のあることが、愛のある行動が、
本当にどれだけいまの自分にできるのか、
本当にその言葉に心がこもっているのか、
その考えに思いやりの心はあるのか、
その行動に愛が本当にあるのか？
自分の気持ちを素直に伝えるだけではいけない。
そこに本当に心と愛があるのか？
本当にあるなら伝わり、相手の心を動かせる。

心温かい、心優しい人になるためにも、
乗り越えなければならないことがある。
苦しくても悲しくても、
それでもなお人を好きでいられる心を忘れない。
言い訳や他人の責任にするのではなく、
優しくしてくれる人や心温かい人をもっと見て。
愛ある人の存在を忘れ、腐ってもいけない。
本当の優しさを理解して、本当の愛を知って、しっかり成長して、
自分が与える側になる。
そうして壁を乗り越えると、
真実の愛や真心を手にすることもできるもの。

あなたはもう、
答えを持っている

「このままではダメ……」
「このままだといけない……」
だったら、「このまま……」を変えればいいだけ。

あなたはもう、答えを持っている。

「このまま……」では未来が見えないなら、
「このまま……」ではうまくいかないと思うなら、
「このまま……」を変えればいいだけ。

「このまま……」を変えるために、
ときにはその場から逃げてもいい。
動物だって危険を察したら命を守るために逃げるのだから。
ブッダも、「極端な苦行は悟りの道ではない」といったそうだ。

たくさん失敗しても、
たくさん挫折しても、
たくさん悔しい思いをしても、
「このまま……」を変えればいいだけ。

あなたはもう、答えを持っている。

占いを信じない人や、
占いが嫌いな人がいるけれど、
そもそも人間が生きていること自体、
なんだかわからないもの。

科学なんて、偉そうにしているだけで、
その科学をつくっているのも、人間だから。
結果的にすべてが不思議で、
宇宙は不思議なことばかり。

そのなかに占いがあっても不思議ではない。
わからない不思議なことを楽しむことは、
人生を楽しむことと同じ。
なんでも楽しめる感覚や、
なんでも楽しもうとする覚悟がないといけない。
世の中は楽しめることで満ちあふれているから。

不思議なことをもっと楽しんで、
冷静に判断しながら楽しめばいい。
もっと不思議を楽しんで。

不思議を楽しめたら、
人生は不思議と楽しくなる。

不思議を楽しめたら、
人生は不思議と楽しくなる

幸せになる

幸せを言葉にすれば

なにをいうか。それだけで人生は変わる。

「運がいい」「ツイている」

つねにそう言葉に出している人には、

幸運やツキがやってくる。

不満や愚痴を口に出すと、

不満や愚痴をいうような事態がやってくる。

それは、そういう心になっていくから。

その心に見合った事態がやってくる。

人生には己の心に見合った出来事や、

出会いがあるもの。

親切な人のまわりには親切な人が集まる。

おもしろい人のまわりにはおもしろい人が集まる。

嫌な人のまわりには嫌な人が集まる。

いまの生活や人間関係に満足できないなら、

それは己の心がその程度だから。

言葉は心になるから、

幸せを言葉にすれば幸せになる。

言葉を大切に。

運をしっかりつかみたいならば、整理整頓と掃除はつねに心がけなければいけない

掃除ができない人は、恋も結婚も仕事もできない。

幸運も巡ってこないし、

いっときは良くても運にいつか見放される。

運を引き寄せたいならば、

運をしっかりつかみたいならば、

整理整頓と掃除はつねに心がけなければいけない。

では、なぜそれほど掃除や整理整頓が大切なのか?

それは、あたりまえだから。

あたりまえのことをあたりまえにすればいいだけ。

「自分もいいし、他人もいいと思える」

その、第一歩は、掃除。

掃除をすることで、

誰かの不愉快を解消できたり、誰かを喜ばすこともできる。

掃除をするだけで、

見知らぬ誰かを幸せにもできる。

運はそんな人に集まってくる。

思いやりのある人に運は集まってくるから、

整理整頓や掃除はマメにしたほうがいい。

運を味方につけるための、
大切な言葉がある

現実的にものごとを考えることが得意で、
損得勘定で生きていると自覚のある人は、
「自分は運がいい」
「これまで運が良かったから生きていた」
そういうと運がもっと味方してくれる。

芸術や文化が好きで、理論好きで、
論理的に考え、理屈っぽいと自覚のある人は、
他人の才能を見つけて、他人の才能をほめてあげると、
運が味方してくれる。

上下関係をしっかりわきまえ、ルールやマナーに厳しく、
上品で面倒見の良いタイプだと自覚のある人は、
「まあいいや」「なんとかなる」
と楽観的な言葉を使うと運が味方をする。

「でも」「だって」「自分は」と
自分中心でものごとを考えて、自分の幸せしか考えない、
身勝手だと自覚がある人は、
「感謝しています」「恩返しします」
を口ぐせになるまでいうようにすると、運は味方する。

自分も周囲も楽しませることが好きで
自分の感情に素直に生きてしまう、
ひとこと多いと自覚のある人は、
「ありがとうございます」「おかげさまです」
を口ぐせになるまでいうと運は味方する。

大切なのは己の言葉。
自分がどのタイプか冷静に考えて言葉に出すといい。
もしどのタイプかわからなかったら、全部やってみるといい。

過ぎた10年は早く感じるもの

これからの10年は長く感じる。

1年前の自分になにをいいたいですか？
3年前の自分になにをいいたいですか？
10年前の自分になにをいいたいですか？
過去の自分になにかをいえるなら、
未来の自分にもなにかをいえる。
それは自分だから。

1年後の自分。
3年後の自分。
10年後の自分。
先の自分がいまの自分になにをいっているか。
それがいまやるべきこと、いま努力すべきこと。
結婚かもしれない。子育てかもしれない。
勉強をはじめるべきかもしれない。
いまの生活を変えることかもしれない。
なにごとも10年続けてやっと身につく。

人とちょっと違う努力をすると、10年後に評価される。
10年後の自分がどうなっているか。
過ぎた10年は早いけれど、これからの10年は長く感じる。
でも、過ぎ去った時間もこれからの時間も同じ。
あっという間に流れてしまう。

10年なにを頑張るのか。
10年後の自分に聞いてみるといい。

「自分はとても運がいい」
そう信じる人が幸運をつかむことができる。

生まれてくるだけで奇跡。
生きているだけで奇跡。
生まれてくるだけで運がいい。
生きているだけで運がいい。
あたりまえのことに感動できる人が幸運をつかむことができる。

あなたに足りないことはない。
もう、なんでも整っている。
「足りないことだらけだよ……」とネガティブになるよりも、
いまを最大限に活かせばいい。

いまのあなたは100点なのだから。
人が生きる原動力は希望なのだから。

世の中は、あなたを楽しませようとしている。
世の中は、あなたを喜ばせようとしている。
世の中は、あなたを笑わせようとしている。
世の中は、あなたのためにある。

この世は素晴らしい。
この世界は素晴らしい。

この世は素晴らしい。
この世界は素晴らしい

ゲッターズ飯田の
365日の運気が上がる話

2022年11月30日　第1刷発行

著者　　　　　　　ゲッターズ飯田

発行者　　　　　　鈴木勝彦
発行所　　　　　　株式会社プレジデント社
　　　　　　　　　〒102-8641
　　　　　　　　　東京都千代田区平河町 2-16-1 平河町森タワー13F
　　　　　　　　　https://www.president.co.jp/
　　　　　　　　　https://presidentstore.jp/
　　　　　　　　　電話 03-3237-3731（編集・販売）

装画・挿絵　　　　倉田茉美
装丁・本文デザイン　chichols
校閲　　　　　　　株式会社文字工房燦光
特典制作　　　　　有限会社コスモテック
協力　　　　　　　岩川 悟（合同会社スリップストリーム）

販売　　　　　　　桂木栄一　高橋 徹　川井田美景
　　　　　　　　　森田 巌　末吉秀樹　花坂 稔　榛村光哲
編集　　　　　　　柳澤勇人
制作　　　　　　　関 結香

印刷・製本　　　　中央精版印刷株式会社

※本書は『開運レッスン』『開運レッスンⅡ』『朝と夜に読む 開運レッスンⅢ』『幸せを届ける 開運Letter』『開運Letter 希望を灯す言葉』『開運Letter 雨のち晴れ、のち。』（すべてプレジデント社）を元に、大幅に再編集・再構成したオリジナル版です。